Michael Schäfer

Behavioral Finance bei Investitionsentscheidungen

Das Anlegerverhalten zwischen Rationalität und Emotion

Sind wir ein Homo non-oeconomicus?

Bibliografische Information der Deutschen Nationalbibliothek:

Die Deutsche Nationalbibliothek verzeichnet diese Publikation in der Deutschen Nationalbibliografie; detaillierte bibliografische Daten sind im Internet über http://dnb.d-nb.de abrufbar.

Impressum:

Copyright © Studylab 2018

Ein Imprint der Open Publishing GmbH, München

Druck und Bindung: Books on Demand GmbH, Norderstedt, Germany

Coverbild: Open Publishing | Freepik.com | Flaticon.com | ei8htz

Inhaltsverzeichnis

Abkürzungsverzeichnis

APT	Arbitrage Pricing Theory
Bspw.	Beispielsweise
Bzgl.	Bezüglich
Bzw.	Beziehungsweise
CAPM	Capital Asset Pricing Model
DAX	Deutscher Aktienindex
D.h.	Das heißt
Ebd.	ebenda
EMH	Effizienzmarkthypothese
Et al.	et alii
EUR	Euro
U.a.	Unter anderem
U.U.	Unter Umstände
Vgl.	Vergleiche
WPHG	Wertpapierhandelsgesetz
Z.B.	Zum Beispiel

Abbildungsverzeichnis

1 Problemstellung

Mit der Aussage, „There is nothing so disastrous as a rational investment policy in an irrational world", beschreibt Keynes den Einfluss rationalen Anlageverhaltens in einer irrational getriebenen Welt.[1] Tatsächlich lernen tausende Business-School-Studierende weltweit, die Risiken von Investments zu bewerten und die erwarteten Renditen, mittels der Portfoliotheorie oder des Capital Asset Pricing Models (CAPM) zu berechnen. Doch worauf basieren diese Modelle und ist es dadurch tatsächlich möglich, die Wirklichkeit abzubilden?[2] Die restriktive Annahme eines rational handelnden Individuums bildet eine der theoretischen Grundlagen. Insbesondere die daraus abgeleitete Existenz eines effizienten und somit reibungslos funktionierenden Kapitalmarktes wird hierbei vorausgesetzt.[3] So bildete sich eine weitere Annahme, das Modell des Homo Oeconomicus.[4] Insbesondere haben durch diese Theorien, die aus der Kapitalmarkttheorie hervorgebrachten Instrumente, in den vergangenen Jahren zunehmend an Bedeutung gewonnen.[5]

Dennoch mehrten sich Stimmen aus der Wissenschaft, die diese Annahmen in Frage stellen. Insbesondere werden die seit Jahrzehnten dominierenden Modelle auf Grund ihres geringen Erklärungs- und Prognosegehaltes als zunehmend ungeeignet betrachtet. Daraus bildeten sich neue Forschungsansätze, deren Wurzeln auf die verhaltenswissenschaftliche Forschung zurückgehen und zumeist unter dem Begriff der „Behavioral Finance" bekannt sind. Innerhalb der Behavioral Finance steht nicht nur die Weiterentwicklung der vorherrschenden Modelle im Vordergrund, sondern es werden zunehmend Stimmen laut, die einen Paradigmenwechsel fordern.[6] Im Ergebnis bedeutet dies, eine Abkehr von rationalen Annahmen und hinzu einer realistischeren Gestaltung des Homo Oeconomicus.[7] Die

---

[1] John Maynard Keynes, Britischer Ökonom, Politiker und Mathematiker, geboren am 5. Juni 1883 in Cambridge und gestorben am 21. April 1946. Einer der bedeutendsten Ökonomen des 20. Jahrhunderts und Namensgeber des Keynesianismus.
[2] Vgl. Daxhammer & Facsar (2012), S. 7
[3] Vgl. Rummer (2006), S. 12-14
[4] Vgl. Daxhammer & Facsar (2012), S. 17
[5] Vgl. Roßbach (2001), S. 3
[6] Vgl. ebd. (2001), S. 3
[7] Vgl. Daxhammer & Facsar (2012), S. 15

Behavioral-Finance-Forschung soll somit dazu beitragen, das Geschehen auf den Finanzmärkten unter Einbezug menschlicher Verhaltensweisen zu erklären.[8]

Den Grundgedanken der Behavioral Finance und das Thema dieser Arbeit, lassen sich treffend mit den Worten von Dürrenmatt beschreiben: „Das Rationale am Menschen sind seine Einsichten, das Irrationale, das er nicht danach handelt."[9]

In diesem Sinne sollen im Rahmen dieser Arbeit folgende Punkte geklärt werden:

- Das vermeintlich irrationale Anlegerverhalten, soll empirisch überprüft werden.
- Einen praktischen Nutzen daraus zu ziehen und Handlungsempfehlungen abzuleiten, die zu einer Verminderung von Fehlinvestitionen beitragen können, welche durch begrenzt rationale Anlageentscheidungen ausgelöst werden.

---

[8] Vgl. ebd. (2012), S. 21

[9] Friedrich Dürrenmatt, Schweizer Schriftsteller, Dramatiker und Maler, geboren am 05. Januar 1921 in Konolfingen und gestorben am 14. Dezember 1990.

2 Theoretische Grundlagen

2.1 Klassische Kapitalmarkttheorie

2.1.1 Aufbau und Inhalt klassischer Kapitalmarkttheorien

Zur Erklärung und zur systematischen Abgrenzung ist es unumgänglich, aus der Vielzahl an Theorien, zumindest jene finanzmarkttheoretischen Grundlagen kurz darzustellen, die eine Lösungsfindung unterstützen können.

Demnach wird begonnen in der Mitte des 18. Jahrhunderts, zur Zeit der klassischen Nationalökonomie, wo durch Wirtschaftswissenschaftler erstmals die Einflüsse der menschlichen Entscheidungsfindung analysiert wurden. Dies wird in der Literatur als der Grundstein für die Entstehung der verhaltensorientierten Kapitalmarktforschung gesehen. Einen entscheidenden Beitrag zum Beginn der klassischen Nationalökonomie lieferte Adam Smith mit seinem Hauptwerk „The Wealth of Nations, dessen Buch auf das Jahr 1776 datiert wird.[10] Smith beschreibt darin, dass Märkte frei von staatlichen Einflüssen sein sollten und von einer unsichtbaren Hand geleitet werden. Er vertrat weiter die Ansicht, dass dadurch Märkte automatisch zu Gleichgewicht und Vollbeschäftigung führen. Er stützte sich dabei auf der Annahme, dass sich das menschliche Handeln rein aus ökonomischen und rationalen Überlegungen zusammensetzt.[11]

Auf die klassische Nationalökonomie folgte im Laufe des 20. Jahrhunderts die neoklassische Ökonomie. Die Ansätze das Marktverhalten durch die Psychologie erklären zu wollen, wurden dadurch weitestgehend zurückgedrängt. Die Doktorarbeit von Louis Bachelier aus dem Jahre 1900 wird allgemein als der Beginn zur Entwicklung der neoklassischen Kapitalmarkttheorie gesehen.[12] Bachelier gelangte zur Erkenntnis, dass Aktienkursbewegungen durch stochastische Prozesse modellierbar sind. Er stellte weiter fest, dass Aktienkursbewegungen die statistischen Eigenschaften eines reinen Zufallsprozesses aufzeigen.[13] Mit dem Kernsatz

---

[10] Adam Smith, Schottischer Moralphilosoph und Aufklärer, geboren am 16. Juni 1723 in Kirkcaldy und gestorben am 17. Juli 1790, Begründer der klassischen Nationalökonomie.

[11] Vgl. Daxhammer & Facsar (2012), S. 16f

[12] Louis Bachelier, Französischer Mathematiker, geboren am 11. März 1870 in Le Havre und gestorben am 26. April 1946, Begründer der Finanzmathematik und Wegbereiter in der Theorie der stochastischen Prozesse.

[13] Vgl. Daxhammer & Facsar (2012), S. 17

das die mathematische Gewinnerwartung eines Spekulanten null sei, beschreibt dies Bachelier in seiner Arbeit deutlich: „L'espérance mathématique du spéculateur est nulle".[14] Die Wahrscheinlichkeit, dass ein Portfolio eines Kapitalanlegers der sich für Aktien entscheidet die ihm später überdurchschnittliche Renditen liefern, ist ebenso groß, wie die Wahrscheinlichkeit, dass er in seinem Portfolio überwiegend unterdurchschnittlich gute Titel hält.[15] Diese Annahme war die Grundlage der Random Walk These, welche behauptet, dass zeitlich aufeinanderfolgende Preisänderungen statistisch unabhängig sind und dem Erscheinungsbild nach, sich nicht von einer durch einen Zufallsmechanismus erzeugten Zahlenreihe unterscheiden lassen.[16] Die Random-Walk These behauptete sich jedoch erst auf der Jahrestagung 1953 der Royal Statistical Society, als der renommierte britische Statistiker Maurice Kendall seinen Vortrag zur Analyse ökonomischer Zeitreihen hielt.[17] In seinem Vortrag stellte er die Behauptung auf, dass Aktienkurse aussehen „like a wandering one, almost as if once a week the Demon of Chance drew a random number from a symmetrical population of fixed dispersion and added it to the current price to determine next week's price."[18] Um Missverständnisse zu vermeiden, die These betitelt nicht, dass Aktienkurse zufällig erzeugt werden, sie beschreibt lediglich, dass Ihr Erscheinungsbild nicht von einer zufällig entstandenen Zahlenreihe unterscheidbar ist.[19] Ein weiteres zentrales Modell das die neoklassische Ökonomie hervorbrachte, war die Annahme des Homo Oeconomicus.[20] Der Homo Oeconomicus, das Idealbild eines Marktteilnehmers, wird definiert als ein rationales, nutzenorientiertes und vollständig informiertes Individuum.[21] Der Homo Oeconomicus ist ein Investor, mit allwissender, fehlerloser und unbegrenzter Problemlösungsfähigkeit ausgestatteter Marktteilnehmer.[22] Er verfolgt hierbei die Prinzipien des absoluten Eigeninteresses und trifft Entscheidungen völlig rational und begründbar. Diese Entscheidungen trifft er dabei unter Nutzung vollständiger Informationen, wobei diese Informationen weder Transak-

---

[14] Bachelier (1900), S. 34
[15] Vgl. Schredelseker (2015), S.40
[16] Vgl. ebd. (2013), S. 365
[17] Vgl. ebd. (2013), S.365
[18] Kendall (1953), S. 13
[19] Vgl. Schredelseker (2013), S.366
[20] Vgl. Daxhammer & Facsar (2012), S. 17
[21] Vgl. Goldberg & von Nitzsch (2004), S. 38
[22] Vgl. Schredelseker (2013), S. 144

tionskosten noch Informationsasymmetrien zulassen. Die Grundlage seiner Handlungen bilden demnach rationale Entscheidungen, die er durch realistische Erwartungen formuliert und nach der Erwartungsnutzentheorie umsetzt.[23]

Die Erwartungsnutzentheorie, welche auf von Neumann & Morgenstern (1947) zurückzuführen ist, betitelt rationales Verhalten bei risikobehafteten Entscheidungen unter Einbeziehung der Präferenzen des Entscheiders. Hierbei wird die Einstellung des Entscheiders zum Risiko beschrieben, folglich die Risikopräferenz.[24] Das Ziel besteht darin, rationales Verhalten unter Unsicherheit bestimmen zu können. Somit ist ein zentraler Gegenstand der Betrachtung, das Treffen von Entscheidungen, ohne dass dessen Ausgang und deren Konsequenzen bekannt sind.[25]

Die Erkenntnisse von Louis Bachelier, der Random-Walk-These sowie der Erwartungsnutzentheorie nutzte Eugene Fama in den 1960 Jahren zur Formulierung der Effizienzmarkthypothese (EMH).[26] Demnach wird ein Markt als Effizient bezeichnet, wenn alle am Markt vorhandenen Informationen komplett in den Wertpapierkursen widergespiegelt werden.[27] In den Worten von Fama: „A market in which prices always „fully reflect" available informations is called „efficient".[28] Die Überlegung der EMH geht davon aus, wenn es möglich wäre aus historischen Preisentwicklungen künftige Entwicklungen zu prognostizieren, bestünde die Möglichkeit Überrenditen zu erzielen. Dies würden jedoch viele Marktteilnehmer ebenfalls für sich ausnutzen wollen, was dazu führen würde, dass sich die Überrenditen schnell wieder neutralisieren. Die Kurse würden dann schnell wieder ihr richtiges Niveau erreichen. Die neuen Informationen würden sich dadurch nicht erst in der Zukunft widerspiegeln, sondern wären somit bereits in den heutigen Kursen enthalten. Sollte dies der Fall sein, würden die Kurse einem Random Walk folgen, insbesondere dann, wenn die Informationen neu sind und direkte Auswirkung auf die Kursentwicklung haben. Wie bereits Bachelier in seiner Theorie do-

---

[23] Vgl. Daxhammer & Facsar (2012), S. 29

[24] Vgl. Jaunich (2008), S. 15f

[25] Vgl. Daxhammer & Facsar (2012), S. 31

[26] Eugene Francis Fama, US-amerikanischer Wirtschaftswissenschaftler, geboren am 14. Februar 1939 in Boston, Nobelpreisträger in Wirtschaftswissenschaften aus dem Jahre 2013. Fama lieferte einflussreiche Beiträge zur Portfolio -und Kapitalmarkttheorie.

[27] Vgl. Daxhammer & Facsar (2012) S. 18

[28] Fama (1970) S. 383

kumentierte, würden sich dann aus der Beobachtung vergangener Kurse keine Überrenditen erzielen lassen.[29]

Unterscheiden lassen sich dabei 3 Effizienzstufen:

Von einer schwachen Markteffizienz wir gesprochen, wenn die Aktienkurse alle Informationen widerspiegeln, die bereits in den historischen Kursreihen enthalten sind. Infolge einer schwachen Informationseffizienz des Marktes wird jedwede Form der technischen Aktienanalyse gegenstandslos, die zur Analyse historische Kursinformationen heranzieht.[30]

Eine mittelstrenge Markteffizienz beschreibt, dass wenn alle öffentlich zugänglichen Informationen die zur Bewertung von Aktien notwendig sind, bereits in den Aktienkursen eingepreist sind. Bei einer mittelstrengen Informationseffizienz ist die fundamentale Aktienanalyse hinfällig. Insbesondere die Informationen aus der Fundamentalanalyse, wie bspw. Jahresabschlüsse, Zeitungsberichte und elektronische Informationsdienste, wären somit ohne Wert.[31]

Eine strenge Markteffizienz spiegelt in den Aktienkursen, alle irgendwo existierenden Informationen korrekt wieder. Demzufolge würden in einem strengen informationseffizienten Markt, nicht einmal Insider einen Vorteil aus dem Informationsvorsprung erzielen.[32]

2.1.2 Klassische Kapitalmarkttheorien und Ihre zugehörigen Modelle

2.1.2.1 Portfolio Selection Theorie

Das Vermögen in verschiedene Anlagen aufzuteilen liegt in dem Verlangen, dass Investoren eine Risikoverteilung anstreben. Sprichwörtlich „nicht alles auf eine Karte zu setzen" oder das englische Sprichwort „Don´t put all your eggs in one basket", betiteln denselben Grundgedanken. Die Risikoverteilung bzw. Verminderung durch Streuung auf mehrere Anlagen, wird in der Literatur auch unter dem Begriff der Diversifikation beschrieben. Eine wissenschaftlich exakte Beschreibung des weitverbreiteten Grundgedankens, lieferte Harry Markowitz aus den

---

[29] Vgl. Daxhammer & Facsar (2012) S. 39
[30] Vgl. Schredelseker (2013) S. 372
[31] Vgl. ebd. (2013), S. 372
[32] Vgl. ebd. (2013), S. 372

fünfziger Jahren.[33] Die von Markowitz im Jahr 1959 vorgestellte moderne Portfoliotheorie beschreibt, dass alle Anleger rational handeln und risikoscheu sind.[34] Demnach geht die Theorie davon aus, dass Anleger eine von ihren individuellen Präferenzfunktionen unabhängige Auswahl effizienter Anlagealternativen bevorzugen. Die Abkehr von der individuellen Anlegerpräferenz ermöglicht nun die Bewertung von Anlagealternativen unter Zuhilfenahme des µ-σ-Prinzips. Die Theorie beschreibt, dass Anlagealternativen mit einer vergleichbaren erwarteten Rendite (µ), diejenigen ausgewählt werden, welche dabei das geringste Risiko (σ) aufweisen. Im Umkehrschluss bedeutet dies, dass bei vergleichbarem Risiko diejenigen Anlagen bevorzugt werden, die mit maximaler Rendite ausgestattet sind. Markowitz beschreibt somit eine Anlagealternative als Effizient, wenn diese entsprechend dem µ-σ-Prinzip, ein optimales Risiko-Rendite-Verhältnis aufweist. Die Grundlage bildet dabei die Annahme, dass durch Diversifikation aufgrund von Kovarianz der Einzelwertrenditen das Anlagerisiko gesenkt werden kann.[35]

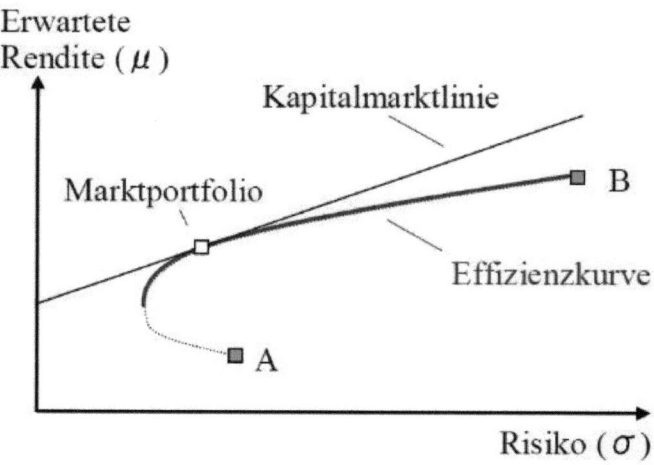

Abb. 1 Portfolio Selection Theory
Quelle: Jaunich, A. O. (2008), S. 20.

---

[33] Vgl. Schredelseker (2013), S. 285

[34] Harry Max Markowitz, US Ökonom, geboren am 24. August in Chicago, Nobelpreisträger in Wirtschaftswissenschaften aus dem Jahre 1990. Begründer der Portfolio Selection Theory.

[35] Vgl. Jaunich (2008), S. 19

Dadurch ergeben sich weitere theoretische Modellannahmen über Marktcharakteristika und erwartete Verhaltensweisen der Marktteilnehmer. Er beruft sich darauf, dass die erwarteten Renditen einem stochastischen Zufallsprozess unterliegen und dass die Renditen einer Normalverteilung unterstellt sind.[36] Markowitz trifft dabei folgende vereinfachte Annahmen über das Investorenverhalten und die Eigenschaften von Wertpapieren:

- Ein-Perioden Investitionsentscheidungen
- Voraussetzung ist eine subjektive Wahrscheinlichkeitsvorstellung bezüglich der zu erwartenden Renditen einzelner Aktien. Darüber hinaus können die Individuen Annahmen über das Risiko der einzelnen Aktien treffen. Gemessen wird dies mittels der Standardabweichung.
- Investoren können Annahmen über Kovarianzen (bzw. Korrelationen) zwischen den Renditen einzelner Wertpapiere treffen.
- Unterstellung einer Nutzenmaximierung durch die Investoren. Sie verfolgen dabei ausschließlich das μ-σ-Prinzip bzw. Erwartungsrendite und Risiko. Ausgedrückt durch die statistischen Maße Varianz bzw. Standardabweichung.
- Unterstellung der Annahme von risikoscheuen Investoren. Bei gleicher Renditeerwartung mit höherer Standardabweichung, werden von dem Investor solche mit niedrigerer Standardabweichung vorgezogen.
- Vernachlässigung von Transaktionskosten und Steuern
- Unendliche Teilbarkeit von Wertpapieren
- Leerpositionsgeschäfte von Wertpapieren sind möglich[37]

Aus den oben getroffenen Annahmen lässt sich erkennen, dass das Modell hohe Anforderungen an das gewonnene Wissen aus der Fundamentalanalyse stellt. Dies hat zur Folge, dass die Theorie an Bedeutung verliert wird, wenn Investoren nicht in der Lage sind zumindest eine grobe Einschätzung von erwarteten Renditen, Varianzen und Kovarianzen zu geben.[38]

---

[36] Vgl. Daxhammer & Facsar (2012), S. 44
[37] Vgl. Schredelseker (2013) S. 286f
[38] Vgl. ebd. (2013), S. 287f

2.1.2.2 Capital Asset Pricing Model

In den 1960er Jahren entwickelten William Sharpe, John Lintner und Jan Mossin unabhängig voneinander das Capital Asset Pricing Model (CAPM).[39] Das CAPM baut dabei auf der von Markowitz entwickelten Portfoliotheorie auf. Durch das CAPM wurde es möglich eine Quantifizierung und Bewertung von Einzelrisiken zu erreichen. Die von der Portfoliotheorie festgelegten Anlageverhältnisse für ein effizientes Portfolio werden dabei in eine klare Vorhersage über die Beziehung zwischen Rendite und Risiko gestellt.[40] Das CAPM zeigt auf wie ein Kapitalmarkt beschaffen sein müsste, insbesondere wenn sich alle Beteiligten so verhalten, wie es die Portfoliotheorie als rational vorschlägt. Vielmehr geht es hier darum, eine Erklärung dafür zu liefern, wie der Markt funktioniert und nach welchen Regeln die Preisbildung von Wertpapieren erfolgt. Das setzt jedoch voraus, dass sich der Markt im Gleichgewicht befindet. Somit gelang Sharpe der Schritt von der normativen zur positiven Portfoliotheorie. So trat Sharpe mit dem Ziel an, den Investoren zu empfehlen, wie sie sich bei ihren Anlageentscheidungen verhalten sollten.[41] Dabei werden homogene Erwartungen der Anleger unterstellt und alle am Markt verfügbaren Einzelwerte berücksichtig. Sharpe ergänzte in seinem CAPM, die Möglichkeit einer Anlage bzw. Geldaufnahme zum risikofreien Zins. Dadurch reduziert sich die Auswahl effizienter Anlagealternativen auf eine Kombination vom Marktportfolio und einer Anlage bzw. Kreditaufnahme zum risikofreien Zins. Die effizienten Anlagealternativen lassen sich nun wiederum in einem μ-σ-Koordinatensystem und Mittels der Kapitalmarktlinie darstellen. Das Marktportfolio bildet nun den Tangentialpunkt zwischen Kapitalmarktlinie und Effizienzkurve. Somit war es möglich die komplexe Bestimmung des Risikos effizienter Portfolios zu umgehen. Durch die Reduktion auf das Marktportfolio, unter Rückgriff auf die Korrelationswerte sämtlicher Einzelwerte, konnte Sharpe dies nun stattdessen in ein einfaches Indexmodell zur Darstellung des Rendite-Risiko-Zusammenhangs transferieren.[42] Die Annahmen des CAPM basieren dabei auf denselben Annahmen, die auch die Portfoliotheorie als Grundlage heranzieht.

---

[39] William Forsyth Sharpe, US-amerikanischer Wirtschaftswissenschaftler, geboren am 16. Juni 1934 in Cambridge, Nobelpreisträger in Wirtschaftswissenschaften aus dem Jahre 1990. Mitbegründer des Capital Asset Pricing Model (CAPM).

[40] Vgl. Daxhammer & Facsar (2012), S. 50

[41] Vgl. Schredelseker (2013), S. 323

[42] Vgl. Jaunich (2008), S. 20f

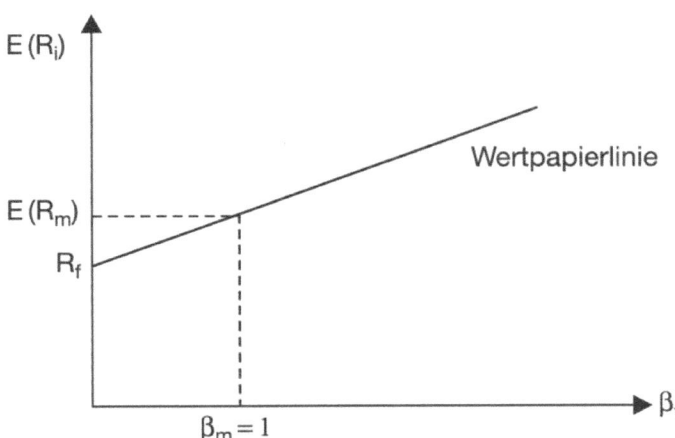

Abb. 2 CAPM - Wertpapierlinie
Quelle: Breuer, C. (2018)

Zusätzlich wird angenommen, dass:

- homogene Erwartungen der Investoren angenommen werden. Mit der Folge einer gleichen Auffassung zur Informationslage, sowie das Investoren für jedes Wertpapier die Renditeerwartung, die Varianz und die Kovarianz gleich einschätzen.[43]

Kritik erlangte das CAPM in der Tatsache, dass die Anwendbarkeit auf theoretischen Modellannahmen basiert. Die Realität zeigt jedoch, dass Wertpapiere nicht beliebig teilbar sind und das Steuern und Transaktionskosten am Markt existieren. Weiter impliziert das Modell einen Markt im Gleichgewicht. Insbesondere ist die empirische Überprüfbarkeit nahezu ausgeschlossen, mit der Begründung, dass eine Ex-post Betrachtung sich nicht auf eine Ex-ante Betrachtung übertragen lässt.[44] Hinzukommt, dass die Theorie nichts darüber aussagt, woher die Daten zur Ermittlung eines optimalen Portfolios stammen. Insbesondere sagt die Theorie auch nichts darüber aus, in welchem Markt sich das Ganze bewegt.[45]

---

[43]   Vgl. Schredelseker (2013), S. 323f
[44]   Vgl. Daxhammer & Facsar (2012), S. 53
[45]   Vgl. Schredelseker (2013), S. 323

2.1.2.3 Arbitrage Pricing Theorie

Einen gänzlich anderen Weg ging Ross in seiner 1976 erstmals veröffentlichten Arbitrage Pricing Theorie (APT).[46] Er nutzte in seiner Theorie den Arbitragefreiheitsgedanken, die eine für die moderne Finanzwirtschaft, viel typischere Methode darstellt. Die Grundüberlegung besteht darin, dass finanzielle Positionen welche risikolose Gewinne (Arbitragegewinne) ermöglichen, sofort von den Marktteilnehmern ausgenutzt und ausgeglichen werden. Daraus folgt, dass diese dann keinen Bestand haben können.[47] Das APT nutzt hierbei diverse Risikofaktoren von Aktienrenditen, anstelle des eindimensionalen Risikoverständnisses des CAPM. Ross nutzte dabei die Form eines linearen Mehrfaktorenmodells zur Bestimmung der Renditen. Zur Bestimmung zog er den risikofreien Zins zuzüglich einer Linearkombination aus Faktorprämien heran und gewichtete diese mit wertpapierspezifischen Faktorsensitivitäten. Die verwendeten Faktoren stellen also investitionsneutrale, risikofreie Arbitrageportfolios dar. Im Ergebnis benötigt die Portfoliokonstruktion keinen Kapitaleinsatz, welche auf Aktienkauf und -leerverkauf aufbauen.[48] Die Zusammenfassung der notwenigen Modellannahmen lautet wie folgt:

- Ausnutzung von Arbitragemöglichkeiten bei dem der Marktteilnehmer einen Vermögenszuwachs anstrebt. Investoren verhalten sich risikoavers.

- Marktteilnehmer agieren als Preisnehmer. Folglich setzt das APT einen vollkommenen Markt voraus.[49]

Eine Angleichung an die reale Welt erfolgt beim APT durch multiple Risikofaktoren systematischer Art. Im Vergleich zum CAPM werden beim APT die Variablen als separate Risikofaktoren genutzt, während hingegen beim CAPM nur der Beta Faktor als Variable zur Beurteilung des Risikofaktors hinzugezogen wird. Die Faktoren bauen dabei auf mikro –und makroökonomischen Gesichtspunkten auf. Dennoch gibt die Theorie keine Auskunft über die inhaltliche Interpretation und die konkrete Art der Faktoren. Im APT erfolgt lediglich eine Hervorhebung auf die

---

[46] Stephen Alan Ross, US-amerikanischer Wirtschaftswissenschaftler und Finanzmathematiker, geboren am 3. Februar 1944 in Boston und gestorben am 3. März 2017. Eng verbunden mit der Entwicklung der Arbitrage -und Optionspreistheorie.

[47] Vgl. Schredelseker (2013), S. 353

[48] Vgl. Jaunich (2008), S. 21

[49] Vgl. Daxhammer & Facsar (2012), S. 55

Begrenzung systematisch, nicht diversifizierbarer Faktoren, welche Einfluss auf die Renditen am Markt gehandelter Wertpapiere nehmen.[50] Das APT wirkt gegenüber dem CAPM abstrakter, da es keinerlei Auskunft darüber gibt, welcher Art die renditebeeinflussenden Faktoren sein könnten. Die zentralen Parameter des CAPM gründen aus einer ökonomischen Logik heraus, während beim APT die Faktoren als leere Platzhalter eingefügt werden. Dies schränkt die praktische Anwendbarkeit ein, da der Anwender zuerst Nachforschungen dahingehend anstellen muss, welche Faktoren Einfluss auf die Wertpapierrenditen haben könnten. Folglich auch, welchen Einfluss diese auf die Stärke der Faktoren haben.[51] Da das Modell mit deutlich weniger einschneidenden Annahmen auskommt als das CAPM, wird dies als einen wesentlicher Vorteil des APT gegenüber dem CAPM gesehen.[52]

2.1.3 Kritische Würdigung

Die bisher vorgestellten Modelle basieren auf theoretischen Modellannahmen, welche einen Markt im Gleichgewicht voraussetzen. Entgegen der in der Theorie angenommen Grundlage zeigt die Realität, dass am Markt Transaktionskosten und Steuern existieren. Hinzukommt, dass Wertpapiere nicht beliebig Teilbar sind und die Betrachtung auf vergangenheitsbezogenen Werten basiert, was eine empirische Überprüfbarkeit nahezu ausschließt.[53] Weiterhin muss es dem Investor möglich sein, zumindest eine grobe Einschätzung zu erwarteten Renditen, Varianzen und Kovarianzen geben zu können. Dies hat zur Folge, dass hohe Anforderungen an das gewonnene Wissen aus der Fundamentalanalyse gestellt werden. Insbesondere fehlt der Portfolio Selection Theorie der Boden, wenn ein Rückgriff auf diese Daten nicht möglich ist.[54] Das CAPM erlangte zudem Kritik durch die Tatsache, dass die Aussagekraft der ermittelten langfristigen Anlage, auf einer eindimensionalen Betrachtung des Modells aufbaut. Bei der Ermittlung des Portfolios werden lediglich historische Renditeentwicklungen in die Berechnung des Markt-Betas einbezogen.[55] Ein wesentlicher Punkt beim Modell der APT liegt darin, dass

---

[50] Vgl. Daxhammer & Facsar (2012), S. 55
[51] Vgl. Schredelseker (2013), S. 361
[52] Vgl. ebd. (2013), S. 360f
[53] Vgl. Daxhammer & Facsar (2012)., S. 53
[54] Vgl. Schredelseker (2013), S. 287
[55] Vgl. Daxhammer & Facsar (2012), S. 54

keine Aussagen getroffen werden, welcher Art die renditebeeinflussenden Faktoren entspringen. Die Abstraktheit basiert darauf, dass das CAPM aus einer ökonomischen Logik heraus entwickelt wurde, während hingegen das APT dafür lediglich leere Platzhalter nutzt.[56]

Ein weiterer Kritikpunkt liegt in der Rationalität der Marktteilnehmer. Als strittig wird hier die empirische Geltung des Rationalitätspostulats angemerkt.[57] Es stellt sich zudem die Frage, wie sich Entscheidungssubjekte tatsächlich verhalten, wenn Sie rationelle Entscheidungen treffen sollen. Dabei bleibt fraglich, ob Wirtschaftssubjekt rationelle Entscheidungen treffen können und wollen bzw. in welchem Ausmaß dies dann geschieht. Herbert Simon (1978) zeigte das reale Entscheidungsträger in einer nur sehr begrenzten Klasse klare und eindeutig formulierte Entscheidungen treffen und sich dementsprechend rational verhalten.[58] Dies führt dazu, dass bei schwierigen oder aber auch bei einfachen Alltagsentscheidungen, wenn überhaupt noch eine beschränkte Rationalität zu erkennen ist.[59] Als anspruchsvoll erscheinen daher die theoretischen Bemühungen den Kapitalmarkt in gleichgewichtsökonomischer Sicht zu sehen. Die theoretischen Modelle weisen eine beeindruckende methodische Eleganz auf, jedoch zu einem wirklichen Verständnis haben sie nicht geführt. Ebenso für praktisch nutzbare Handlungsempfehlungen tragen die Modelle nur bedingt bei.[60]

2.2 Behavioral Finance

2.2.1 Inhalt und Ziele der Behavioral Finance

Die Theorie der begrenzten Rationalität von Herbert Simon (1950) war zentraler Bestandteil und begründet den Ausgangspunkt der Behavioral Finance Forschung. Die Theorie besagt, dass Marktteilnehmer nur zu einem begrenzt rationalem Verhalten im Stande sind. Dieser Tatsache geschuldet, zeichnete sich das Bild

---

[56] Vgl. Schredelseker (2013), S. 361
[57] Das „Rationalitätspostulat" stellt drei Forderungen an die Gültigkeit wissenschaftlicher Disziplinen: Sprachliche und logische Präzision, Intersubjektivität und Begründbarkeit.
[58] Herbert Alexander Simon, US-amerikanischer Sozialwissenschaftler, geboren am 15. Juni 1916 in Milwaukee und gestorben am 9. Februar 2001. Nobelpreisträger in Wirtschaftswissenschaften aus dem Jahre 1978. Vorreiter auf dem Gebiet der Erforschung von Entscheidungsprozessen in Wirtschaftsorganisationen.
[59] Vgl. Schredelseker (2013), S. 141
[60] Vgl. ebd. (2013), S. 364

des Homo Oeonomicus Humanus ab, welcher durch kognitive und emotionale Aspekte angetrieben wird.[61] Der Homo Oeconomicus Humanus ist weniger an der Maximierung des Eigennutzens interessiert, sondern vielmehr an der Reaktionen und Handlungen anderer Individuen. Dies hat den Vorteil, dass sich die Marktteilnehmer mehr mit der Theorie des Homo Oeconomicus Humanus und den daraus resultierenden Annahmen identifizieren können.[62]

Die Marktpreise von Wertpapieren spiegeln das Produkt menschlicher Entscheidungen wieder, insbesondere sind die Entscheidungen geprägt von Kräften die mit psychologischen Erklärungsmustern und Theorien erfasst werden können. Dennoch hat sich die Finanztheorie damit schwer getan, das Marktgeschehen mit psychologischen Erklärungsansätzen erklären zu wollen.[63] Shiller beschreibt dies wie folgt: „(...) academic research on market psychology (...) appears to have more or less died out in the 1950s (...) Those academics who write about financial markets today are usually very careful to dissociate themselves from any suggestions that market psychology might be important, as if notions of market psychology have been discredited as unscientific."[64]

Die Verhaltensökonomie, welche als ein Teilgebiet der Wirtschaftswissenschaften gesehen wird, entwickelte sich in den darauf folgenden Jahren. Die als Behavioral Economics bekannte Lehre führte dazu, dass zunehmend naturwissenschaftliche und psychologische Aspekte Einzug in die Wirtschaftswissenschaften fanden. Insbesondere die Verhaltensweisen der Marktteilnehmer, welche nicht mit dem Homo Oeconomicus und der rationalen Nutzenmaximierung in Einklang zu bringen waren, wurden durch die Verhaltensökonomie untersucht. Daraus folgte, dass die zunehmende Erforschung emotional und kognitiv bestimmter Verhaltensweisen letztendlich in den 1980er Jahren, die Entstehung der Behavioral Finance maßgeblich beeinflusst hat.[65]

Untersuchungsgegenstand der Behavioral Finance ist der Einfluss der Anlegerpsyche auf das Börsengeschehen. Die Entscheidungsprozesse und die Wahrnehmung des Anlegers werden zum zentralen Gegenstand, insbesondere die

---

[61] Vgl. Daxhammer & Facsar (2012), S. 76f

[62] Vgl. ebd. (2012), S. 91f

[63] Vgl. Schredelseker (2013), S. 383

[64] Shiller (1984), S. 458

[65] Vgl. Daxhammer & Facsar (2012), S. 20

Auswirkungen der menschlichen Stärken und Schwächen des Anlegerverhaltens, sollen durch die Behavioral Finance Theorie erklärt werden. In Frage gestellt werden hierbei, die Grundpfeiler der klassischen Finanzmarkttheorie.[66] Zentraler Gegenstand der Forschung besteht darin, diejenigen Anomalien zu erkennen, aus denen wirtschaftlicher Nutzen gezogen werden kann. Insbesondere soll das Verständnis für diejenigen menschlichen Emotionen und kognitiven Fehler hervorgehoben werden, die Anlageentscheidungen systematisch beeinflussen.[67] Dahingehend verfolgt die Behavioral Finance das Ziel, Anomalien in der Aufnahme, der Auswahl und der Verarbeitung von Informationen zu erkennen, sowie die daraus resultierenden Entscheidungen zu interpretieren.[68]

Eine weitere Zielsetzung geht dahin, zu erklären warum scheinbar rational denkende Anleger auf den Finanzmärkten immer wieder begrenzt rationale Entscheidungen treffen und bei Ihren Entscheidungen oft begrenzt rationales Verhalten an den Tag legen. Insbesondere versucht die Behavioral Finance eine Erklärung für das tatsächlich beobachtbare Verhalten und anderer Phänomene abzugeben, die am Kapitalmarkt vorherrschen. Daher hat sich die Behavioral Finance zur Aufgabe gemacht, bestehende Modelle der neoklassischen Kapitalmarkttheorie an Stellen zu ergänzen, an denen diese bisher Schwächen gezeigt haben.[69]

So beschränkt sich der Untersuchungsgegenstand des individuellen Entscheidungsverhaltens der Behavioral Finance Forschung auf Verhaltensweisen die:

- systematisch auftauchen und

- nicht durch Marktkräfte aufgehoben werden bzw. sogar verschwinden, durch die Wirkung der Verhaltensweisen und Aktionen vieler Marktteilnehmer.

---

[66] Vgl. Kitzmann (2009), S. 16
[67] Vgl. Bensmann (1997), S. 133
[68] Vgl. Goldberg & von Nitzsch (2004), S. 27
[69] Vgl. Daxhammer & Facsar (2012), S. 75f.

Dabei stehen im Mittelpunkt der Behavioral Finance Forschung, drei Faktoren die wesentlich Einfluss nehmen:

- Entscheider im weiteren Sinne, folglich Individuen.

- Am Kapitalmarkt agierende Entscheider insbesondere Investoren.

- Preise und Umsätze bzw. Faktoren, die sich durch Marktgrößen definieren lassen.[70]

2.2.2 Das Modell der Prospect Theory

Ein Vorreitermodell auf dem Gebiet der Behavioral Finance Forschung und den daraus resultierenden Erkenntnissen stellt die Prospect Theorie dar, welche erstmals von Kahneman und Tversky im Jahr 1978 vorgestellt wurde.[71] Bei der Theorie geht es darum, unter Ungewissheit eine Entscheidung zu treffen, bei derer der Teilnehmer zwischen zwei Handlungsalternativen wählen muss.[72] Die Theorie basiert dabei auf einer Alternative und Verallgemeinerung zur Erwartungsnutzentheorie, welche als deskriptive Entscheidungstheorie antrat.[73] Kahnemann und Tversky betiteln ihr Modell als: „Decision making under risk can be viewed as a choice between prospects or gambles."[74] Die Kernaussage der Theorie besteht darin, dass Menschen ihre Entscheidungen auf Grund mentaler Konten und in starker Abhängigkeit von subjektiven Bezugspunkten festlegen. In der Theorie richten sich die Entscheider vielmehr an unterschiedlich stark wahrgenommenen Gewinnen und Verlusten, welche relativ zu einem subjektiven Bezugspunkt gesehen werden. Die Entscheider vernachlässigen dabei die Ausrichtung an vermögenunabhängigen, stabilen Erwartungsnutzenwerten. Der Bezugspunkt stellt in diesem Fall den Übergang vom Gewinn -zum Verlustbereich dar. Der Zusammenhang zwischen Gewinn- bzw. Verlusthöhe relativ zum Bezugspunkt und dem verspürten Wertzuwachs bzw. Wertverlust, wird in der Prospect Theorie durch eine Wertefunktion widergegeben. Insbesondere deren Ausprägungen sind von Mensch zu Mensch verschieden. Dennoch weisen die Entscheidungen eine Gemeinsamkeit auf: Die Sensitivität (Steigung). Dies bedeutet, dass

---

[70] Vgl. Daxhammer & Facsar (2012), S. 87
[71] Vgl. ebd. (2012), S.76
[72] Vgl. Goldberg & von Nitzsch (2004), S. 86
[73] Vgl. Daxhammer & Facsar (2012), S. 76
[74] Kahneman & Tversky (1979), S. 263

die Sensitivität der Wertefunktion mit größerem Abstand zum Bezugspunkt sinkt. Dementsprechend zeigt dies, je höher ein Gewinn ist, desto weniger Freude bewirkt eine weitere Steigerung des Gewinns. Im Umkehrschluss bedeutet dies, je höher ein Verlust ist, umso weniger schmerzhaft ist eine weitere Erhöhung der Verlustposition.[75] Insbesondere zeigt die Theorie, wie sich eine Gruppe von Individuen oder ein Individuum im Durchschnitt verhalten. Im Betrachtungsraum steht somit die Beziehung zwischen Unsicherheit, Ungewissheit und Risiko. Ein Hauptunterscheidungspunkt der Prospect Theorie zur Erwartungsnutzentheorie besteht darin, dass die Entscheidungsfindung durch die Verlustaversion beeinflusst wird.[76] Die Prospect Theorie ist demzufolge ein Modell der Entscheidungsfindung unter Unsicherheit. Die Theorie ist mit dem Ziel angetreten, Entscheidungen zu erklären, die eine gravierende Inkonsistenz zur neoklassisch-rationalen Bewertung von Wahrscheinlichkeiten und der Erwartungsnutzentheorie aufweisen.[77]

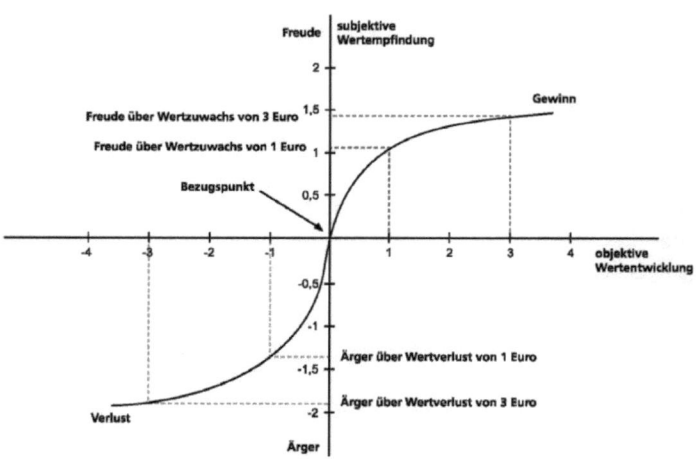

Abb. 3 Subjektive Bewertung von Gewinnen und Verlusten
Quelle: Dickel, A. (2017)

---

[75] Vgl. Jaunich (2008), S. 33f
[76] Vgl. Goldberg & von Nitzsch (2004), S.86f
[77] Vgl. Daxhammer & Facsar (2012), S. 175

2.2.3 Finanzmarktanomalien

2.2.3.1 Herdenverhalten

Eine nicht zu unterschätzende Kraft an den Börsen haben psychologische Einflüsse, denn durch immer wichtiger werdende Stimmungsindikatoren, sollen zukünftige Börsentrends sichtbar gemacht. Dies zeigt sich durchwegs an dem Börsensprichwort nur zu gut: „Die Hausse nährt die Hausse, die Baisse nährt die Baisse". Das Herdenverhalten wird als treibende Kraft der Börsenteilnehmer beschrieben und bedeutet: Kämpfen die Gefühle und der Verstand miteinander, siegt an der Börse meistens das Gefühl.[78] Eine Veränderung des Verhaltens, der Meinung oder Erwartung des Entscheiders, ausgelöst durch das Herdenverhalten, schlägt sich im Ergebnis in einem realen oder illusionären (sozialen) Druck nieder. Dieses Verhalten spiegelt sich nicht nur in einer gleichgerichteten Richtungsweise mehrerer Investoren in einem (hoch) positiv korrelierten Verhalten wieder, vielmehr können alle Anlegergruppen an den Finanzmärkten dem Herdenverhalten unterliegen. Ausgelöst werden kann der Druck durch bspw. mentale Prozesse und (materielle oder finanzielle) Anreize.[79] Das Herdenverhalten sorgt dafür, dass sich Marktteilnehmer stark an dem Verhalten ihrer Umgebung orientierten und dabei von der Meinung der Masse beeinflusst werden.[80] Die Neigung Referenzgruppen oder Meinungsführern zu folgen, macht dies deutlich. Einer Meinung zu folgen, die oft entgegen der eigenen Überzeugung übernommen wird, um im negativen Falle nicht als Versager dazustehen, beschreibt eine Verhaltensanomalie deutlich.[81] Beschrieben werden kann das Herdenverhalten als die Veranlassung einer Gruppe von Individuen, die in gemeinsamer Interaktion stehen und in gleicher oder ähnlicher Weise denken und handeln.[82] Eine sehr treffende Aussage zum Herdenverhalten umschreibt Shiller mit den Worten: „In both booms and crashes, investors are described as blindly following the herd like so many sheeps, with no minds of their own."[83]

---

[78] Vgl. Kitzmann (2009), S. 49

[79] Vgl. Oehler & Reisch (2008), S. 23

[80] Vgl. Daxhammer & Facsar (2012), S. 194

[81] Vgl. Roßbach (2001), S. 13

[82] Vgl. Shiller (1995), S. 181

[83] Shiller (2000), S. 135

2.2.4 Anomalien im menschlichen Verhalten

2.2.4.1 Wahrnehmung von Informationen

Confirmation Bias (Selektive Wahrnehmung)

Der Confirmation Bias beschreibt die Heuristik, dass vorwiegend nur die Informationen wahrgenommen werden, die bei umfangreichem Informationsangebot, den eigenen Vorstellungen bzw. Meinungen entsprechen.[84] Vernachlässigt oder sogar verdrängt werden diejenigen Informationen, die dazu im Widerspruch stehen.[85] So registrieren Menschen mit einem hohen Commitment nur, was ihrem Entschluss nach, in ein günstiges Licht rückt. Vermehrt verdeutlicht sich dies, wenn sich Anzeichen bestätigen, dass diese Entscheidung in Wahrheit ungünstig war.[86] Der Confirmation Bias beschreibt eine Heuristik, die sich auf eine Art selektiver Wahrnehmung von Ideen stützt, welche die Überzeugungen des Anlegers bestätigen. Hingegen werden Ideen abwertend behandelt, welche den eigenen Überzeugungen widersprechen.[87]

Availability Bias (Verfügbarkeit)

Diese Anomalie beschreibt, dass vorrangig auf Informationen zurückgegriffen wird, die einen hohen subjektiven Verfügungsgrad aufweisen. Insbesondere werden Informationen herangezogen, die aktuell, leicht zugänglich, besonders auffällig und leicht verständlich erscheinen.[88] So tendieren die Teilnehmer an den Finanzmärkten dazu, die wahrgenommene Komplexität von Entscheidungssituationen über Heuristiken zu verringern. Dementsprechend werden leicht verfügbare Informationen stärker wahrgenommen, als schwer zugängliche Informationen. Dabei spielt es keine Rolle, ob die Information wichtiger bzw. unwichtiger erscheint als eine andere. Insbesondere je aktueller eine Information ist, spielt dabei eine wesentliche Rolle. So bleiben neue Informationen länger im Gedächtnis und lassen sich dadurch leichter abrufen.[89]

---

84 Heuristik, Altgriechisch für: heurisko „ich finde" und heuriskein „auffinden", „entdecken". Gemeint ist ein kognitives Eilverfahren zur Problemlösung. Umgangssprachlich als Faust – und/oder Daumenregel bekannt.

85 Vgl. Roßbach (2001), S. 13

86 Vgl. Goldberg & von Nitzsch (2004), S. 126

87 Vgl. Pompian (2006), S. 187

88 Vgl. Roßbach (2001), S. 13

89 Vgl. Goldberg & von Nitzsch (2004), S. 207

Homeland Bias (Heimatland Effekt)

Diese Heuristik beschreibt, dass sich private Investoren stark an inländischen Wertpapieren orientieren, die ihnen vertraut erscheinen. Daraus folgt, dass Investoren Anlagen in Wertpapiere vermeiden, bei den sie das Gefühl haben nicht genügend Kompetenz zu besitzen.[90] Insbesondere sorgt dieses Verhalten dafür, dass Investoren entgegen den Erkenntnissen der Portfolio Selection Theorie handeln und nur unzureichend in Aktienanlagen diversifizieren.[91] Demnach weisen diese Portfolien deutliche Gewichtsverzerrungen zugunsten des jeweiligen Heimatstandortes der Investoren auf. Im Ergebnis bedeutet dies, dass dieses Verhalten zu teilweise massiven Renditeeinbußen führen kann, bei gleichzeitig erhöhtem Risiko.[92]

2.2.4.2 Verarbeitung von Informationen

Loss Aversion (Verlustaversion)

Die Loss Aversion beschreibt eine Heuristik bei der Verluste stärker empfunden werden, als Gewinne in gleicher Höhe. Dies führt dazu, dass man sich über den Verlust von 100 EUR mehr ärgert, als über einen Gewinn von 100 EUR. Erklärbar wird dies durch die Dissonanz Theorie.[93] Diese beschreibt, dass Verluste offensichtlich nicht für die Richtigkeit einer Entscheidung stehen. Dies bringt den Entscheider in Rechtfertigungsdruck und verursacht dabei (psychologische) Kosten und erzeugt dadurch Dissonanz.[94] Die Verlust-Aversion wird von Anlageberatern in der Praxis, oft auch als Dispositions-Effekt bezeichnet.[95] Dieser Effekt verursacht, dass Investoren erreichte Gewinne zu früh realisieren und Verluste zu lange halten. Dadurch werden Risiken im Gewinn –und Verlustbereich unterschiedlich bewertet. Somit entscheiden sich Anleger für einen sicheren Gewinn und verzichten auf die Chance möglicherweise mehr zu gewinnen oder alles zu verlieren.[96]

---

[90] Vgl. Daxhammer & Facsar (2012), S.183

[91] Vgl. Jurczyk (2006), S.121

[92] Vgl. Oehler & Reisch (2008), S. 23

[93] Kognitive Dissonanz: Unangenehm empfundener Gefühlszustand, nicht miteinander vereinbarer Kognitionen wie Wahrnehmungen, Gedanken, Meinungen, Einstellungen, Wünsche oder Absichten. Ein Individuum besitzt zumeist mehrere Kognitionen. Ursprung ist die Sozialpsychologie.

[94] Vgl. Goldberg & von Nitzsch. (2004), S. 130

[95] Vgl. Pompian (2006), S. 210

[96] Vgl. Goldberg & von Nitzsch (2004), S. 92f.

Die Verlustaversion kann Investoren, bei der Bewertung von Gewinnen, zu einer übermäßigen Risikovermeidung verleiten. Demnach stellt das Ausweichen einer Verlustrealisation ein dringenderes Anliegen dar, als Gewinne zu erzielen. Im Umkehrschluss bedeutet dies, wenn die Investition des Anlegers die Gewinnzone erreicht, realisieren ungeduldige Anleger zu früh ihre Erträge. Die Befürchtung der Anleger zeigt sich dahingehend, wenn der Markt dreht, dass die erzielten Erträge wieder verloren gehen. Demnach begrenzt dieses Verhalten, das Anstiegspotenzial der Gewinne. In Ergebnis führt die Loss-Aversion dazu, suboptimale Portfoliorenditen zu generieren.[97]

Conservatism Bias (Konservatismus)

Der Conservatism Bias beschreibt einen mentalen Prozess, bei dem die Individuen lieber an ihren früheren Ansichten und Prognosen festhalten, anstatt neu aufkommende Informationen anzuerkennen. Infolgedessen kann die Konservatismus-Heuristik dazu führen, dass Investoren nicht auf neue Informationen reagieren, die sich an den Eindrücken und Schätzungen der Vormonate orientieren anstelle auf Grund aktualisierter Informationen zu handeln.[98] Konkret bedeutet dies, bestehende Ansichten bzw. Erwartungen nicht den neu hinzukommenden Informationen anzupassen. Daraus folgt, dass der Investor direkt mit der Repräsentativitätsheuristik reagiert und dann zu Überreaktionen neigt, ausgelöst durch Informationen die seinen Ansichten entsprechen. Das Resultat aus der Konservatismus-Heuristik ist, dass bei täglichen Marktveränderungen das Phänomen des Gewinnankündigungseffektes eintritt. Dies führt dazu, dass weitere Kursgewinne bei positiven Meldungen auftreten. Zusätzliche Kursverluste bei negativen Informationen sorgen demnach, für eine schrittweise Anpassung der zuvor konservativen Einschätzung.[99]

Illusion of Control (Kontrollillusion)

Die Kontrollillusion zeigt sich, wenn Anleger glauben, eine bestimmte Situation kontrollieren zu können, obwohl die Realität ein anderes Bild widerspiegelt. Bezieht sich die Kontrollillusion auf die Vorhersehbarkeit von Ereignissen, wird im Allgemeinen von Overconfidence (Selbstüberschätzung) gesprochen. So zeigt die-

---

[97] Vgl. Pompian (2006), S. 209
[98] Vgl. ebd. (2006), S. 119
[99] Vgl. Daxhammer & Facsar (2012), S. 207

se Heuristik ein übermäßiges Vertrauen in die eigenen Fähigkeiten. Diese Fehlerquelle führt zu systematischen Verzerrungen in der Wahrnehmung.[100] Die Steuerbarkeit bzw. diese Kontrolle erzeugt Gefühle, die von eigener Wichtigkeit und Kompetenz zeugen. Im Falle eines Ausbleibens oder dem Verlust der Kontrolle, führt dies zu negativen Auswirkungen auf das Befinden des Entscheiders. Auf die kontrolltheoretische Ebene bezogen bezeichnet dies, die subjektive Wahrnehmung, welche in einer Abweichung zwischen Handlung und Konsequenz endet. Eine andere Ausprägung ist die kognizierte Kontrolle. Dies beschreibt ein Phänomen das Kontrollmöglichkeiten vorliegen, obwohl dies nicht der Fall ist. Dieses Verhalten wird in der Literatur auch als „Illusionäre Kontrolle" bezeichnet. Insbesondere je intensiver und je geringer die tatsächlichen Kontrollmöglichkeiten sind, umso mehr führt dies zu einem subjektiven Kontrollerlebnis.[101]

2.2.4.3 Investmententscheidungen

Overconvidence (Selbstüberschätzung)

Diese Heuristik beschreibt den ungerechtfertigten Glauben, in die eigenen kognitiven Fähigkeiten. Demzufolge unterschätzen Investoren Risiken und überschätzen ihren eigenen Kenntnisstand. Insbesondere neigen sie zu dem übertriebenen Glauben, das Marktgeschehen kontrollieren zu können. Dadurch werden Investitionsentscheidungen getroffen, die auf der Einschätzung beruhen, genügend Informationen zu besitzen. Folglich führt dies zu einer Abweichung vom optimalen Portfolio nach der Portfolio Selection Theory.[102] So deuten empirische Ergebnisse daraufhin, dass wenn positive Ergebnisse zuweilen von negativen Ereignissen unterbrochen werden, die Verstärkung dann besonders intensiv ist. Dies führt dazu, dass besser informierte Teilnehmer verzerrte Schätzungen der Erwartungen über denen, der schlechter informierten Teilnehmer abgeben.[103]

Representativeness Bias (Repräsentativität)

Dies beschreibt einen Abkürzungsmechanismus des Gehirns, welches ihm erlaubt, die vorhandene Informationsmenge zu organisieren und über Stereotypen zu beurteilen. Folglich schätzt der Investor dadurch Wahrscheinlichkeiten oft

---

[100] Vgl. Goldberg & von Nitzsch (2004), S. 153
[101] Vgl. Oehler & Reisch (2008), S. 20
[102] Vgl. Daxhammer & Facsar (2012), S.13
[103] Vgl. Oehler & Reisch (2008), S. 22

falsch ein.[104] Vor allem der geschätzte Grad der Übereinstimmung zwischen einer Stichprobe und einer Grundgesamtheit erlangt besondere Bedeutung. So wird einem Element und einer Kategorie, einer Handlung und einem Handelnden sowie einer Wirkung und einer Ursache, besondere Aufmerksamkeit geschenkt. Insbesondere führt der geschätzte Grad der Übereinstimmung zwischen einem Ergebnis und einem Modell, als Grundlage der Urteilsbildung zu Verzerrungen. Bei Wahrscheinlichkeits- bzw. Häufigkeitsurteilen kann es hier zu systematischen Verzerrungen bzw. Fehlurteilen kommen. Die Ursache ist darin zu finden, dass vorgegebene Wahrscheinlichkeiten gegebenenfalls völlig ignoriert werden. Im Ergebnis werden dadurch gleichwahrscheinliche Ereignisse als unterschiedlich repräsentativ für eine Zufallsstichprobe angesehen. Der Entscheider geht hier insbesondere von einer intuitiv ausgewogenen Verteilung von Ereignissen aus. Insbesondere dann, wenn dem Anleger die Zufälligkeit der Verteilung als Bekannt erscheint.[105]

Self Attribution Bias (Selbstattribution)

Die Selbstattribution sorgt dafür, dass der Erfolg eines Anlagegeschäftes dem eigenen Können des Anlegers zuzuschreiben ist. Hingegen der Misserfolg auf andere äußere Umstände zurückgeführt wird.[106] Dies bedeutet, dass ein Investor einen Erfolg an den Finanzmärkten allein seinen Verdiensten zuschreibt und nach einer längeren Erfolgsserie einer stark ausgeprägten Kontrollillusion verfällt, da ihm anscheinend alles gelingt. Sollte der Anleger danach einen Verlust einfahren, erinnert sich der Anleger, dass Börsengewinne auch Glückssache sind und er dieses Mal einfach Pech hatte. Damit kann die Selbstattribution zur Entstehung von Kontrollillusion beitragen.[107] Die Individuen neigen dazu, dass sie ihre Erfolge als Talent oder Voraussicht betiteln und hingegen häufige Fehler als Pech abstempeln. Beispielsweise argumentieren Sportler, dass ihre Spielleistung den eigenen überlegenen athletischen Fähigkeiten zuzuschreiben ist, wenn Sie ein Spiel gewinnen. Jedoch wenn Sie ein Spiel verlieren, neigen die Sportler dazu, dies als unfaire Entscheidung des Schiedsrichters zu bemängeln.[108]

---

[104] Vgl. Daxhammer & Facsar (2012), S.204
[105] Vgl. Oehler & Reisch (2008), S. 19
[106] Vgl. Daxhammer & Facsar (2012), S. 230
[107] Vgl. Goldberg & von Nitzsch (2004), S. 154
[108] Vgl. Pompian (2006), S. 104

Status Quo Bias (Status Quo Effekt)

Der Status Quo Bias beschreibt die Neigung, dass Anleger lieber an Bestehendem festhalten anstelle die Situation zu ändern.[109] Der Status Quo Effekt, welcher in der Literatur oft auch als Besitztum-Effekt beschrieben wird, bezeichnet die Tendenz, alles beim Alten zu lassen. Dieser Effekt sorgt dafür, dass Anleger Bewährtes zu verändern als nachteiliger empfinden anstatt der Vorteile die entstehen können, wenn sich der Anleger von seinen bisher erreichten Erfolgen trennt.[110] Die Anleger die dieser Heuristik unterliegen, lassen die Zusammensetzung ihrer Portfolios lieber unverändert anstelle die Portfoliostruktur zu ändern.[111] Warum auch von Methoden trennen, die sich in der Vergangenheit bewährt haben? So entscheiden sich Anleger lieber dafür, Jahr für Jahr einen gewissen konstanten Erfolg zu generieren anstatt die Situation zu ändern. Insbesondere verhindert dies, dass der Anleger innovativ neue Wege geht. Es sei denn, die neue Idee sorgt für erheblich mehr Erfolg, als die bisherige Vorgehensweise.[112] Der Status-Quo-Effekt kann im Zusammenhang mit der Verlustaversion, den Effekt sogar verstärken.[113] Wenn der Anleger zur Verlustaversion und zum Status Quo Bias neigt und er zwischen zwei Anlagealternativen wählt, wird er sich wahrscheinlich für den Status Quo entscheiden. Da es so als weniger wahrscheinlich erscheint, einen Verlust auszulösen, obwohl der Status Quo auf längere Sicht eine niedrigere Rendite garantiert.[114]

2.2.5 Erkenntnisse der Behavioral Finance

Die neoklassische Kapitalmarkttheorie erlangte durch die Erkenntnisse der Behavioral Finance Forschung erhebliche Kritik. Der Forschungsstand der Behavioral Finance bemängelt, dass den tatsächlichen Verhaltensweisen der Marktteilnehmer nur eine unzureichende Beachtung geschenkt wird. Insbesondere wird eine korrekte Preisbildung, der am Markt vorhandenen Informationen der Wertpapierkurse, stark angezweifelt. Dies führte dazu, dass die EMH von Fama anhalten-

---

[109] Vgl. Jaunich (2008), S. 32
[110] Vgl. Goldberg & von Nitzsch (2004), S. 134
[111] Vgl. Daxhammer & Facsar (2012), S. 240
[112] Vgl. Goldberg & von Nitzsch (2004), S. 134
[113] Vgl. Daxhammer & Facsar (2012), S. 242
[114] Vgl. Pompian (2006), S. 249

der Kritik ausgesetzt wurde.[115] So verwundert es nicht, dass die Behavioral Finance radikal mit der etablierten neoklassischen Sicht bricht. Daraus folgte, dass auch die Behavioral Finance sich nicht einer Kritik entziehen konnte. Daher werden im Folgenden die wesentlichen Kritikpunkte der Behavioral Finance diskutiert:

- Fehlen eines konsistenten Theoriegerüsts
- Zweifel am Bestehen von Marktanomalien[116]

In einem Artikel der „Journal of Finance" beschreiben Daniel et al. das Fehlen eines konsistenten Theoriegerüsts wie folgt: "A general criticism often raised by ecomonics against psychological theories is that, in a given economic setting, the universe of conceivable irrational behavior patterns is essentially unrestricted. (...) Allowing for irrationality opens a Pandora's box of ad hoc stories that will have little out-of-sample predictive power."[117] Eine entscheidende Entwicklung um das Verhalten der Marktteilnehmer im Investitionsprozess zu beleuchten, lieferte die Prospect Theorie. Jedoch spiegelt die Theorie nur einen Teil der in der Realität relevanten Investitions- und Entscheidungssituationen wider. Dennoch wurden zahlreiche Verhaltensanomalien beschrieben, die eine breite Grundlage für die Entwicklung verhaltensorientierter Erklärungsansätze bieten. Weiterhin stehen die Wissenschaftler vor der Herausforderung, auf Grund der großen Anzahl psychologischer Phänomene und deren gegenseitiger Abhängigkeit bzw. Widersprüchlichkeit, sichere standfeste Strukturen und Modelle zu entwickeln.[118]

Als Erschütternder gilt jedoch der Vorwurf, dass das Bestehen von Marktanomalien angezweifelt wird, denn dies gilt in der Behavioral Finance Forschung als der Grundstein der Forschungsrichtung.[119] Ein Kritikpunkt besteht in einem Nachweis von Marktanomalien in Abhängigkeit von der verwendeten Methodik.[120] Insbesondere beschreibt Fama in seinem Beitrag zur „Journal of financial ecomonics", dass „Reasonable changes in the approach used to measure abnormal returns typically suggest that apparent anomalies are methodological illu-

---

[115] Vgl. Daxhammer & Facsar (2012), S. 299
[116] Vgl. Jaunich (2008), S. 64
[117] Daniel et al. (1998), S. 1841
[118] Vgl. Daxhammer & Facsar (2012), S. 299f
[119] Vgl. Jaunich (2008), S. 65
[120] Vgl. Daxhammer & Facsar (2012), S. 300

sions."[121] Ein weiterer Kritikpunkt liegt im Vorwurf der gezielten Datensuche.[122] Dementsprechend sind fast immer Marktverzerrungen festzustellen, in Folge einer gezielten Datensuche. Insbesondere wird die Erforschung von Marktanomalien durch reine Ex-post-Analysen der Daten begünstigt, argumentieren MacKinlay und Black.[123]

Die Behavioral Finance Forschung konnte dennoch einen wichtigen Erkenntnisgewinn zu den Einflüssen aus psychologischen und soziologischen Faktoren liefern. Zudem hat die Theorie dabei unterstützt das Verhalten der Marktteilnehmer zu analysieren und eine Erklärung für bestimmte Marktreaktionen abzuliefern. Trotz allem konnten keine genaueren Aussagen und Vorhersagen bzgl. des situativen Auftretens bestimmter Marktreaktionen und deren Stärke gezeigt werden. Dennoch deuten empirische Befunde auf einen Einfluss, des vom rationalen Schema abweichenden Individualverhaltens, am Markt hin. Ob die Einflüsse des Individualverhaltens auf der Marktebene zufälliger Natur entspringen oder ob systematische Muster existieren, konnte nicht endgültig durch die Behavioral Finance Forschung geklärt werden. So bleibt nur anzumerken, dass es der Behavioral Finance bislang noch nicht gelungen ist einen Paradigmenwechsel zu erzielen, um darauf aufbauend Alternativen zu entwickeln. Folglich ist zumindest eine Weiterentwicklung des vorherrschenden Theoriegerüsts notwendig. Letztendlich bleibt festzuhalten, dass die Behavioral Finance wertvolle Anregungen und Erkenntnisse liefern kann, jedoch müssten bei einer solchen Weiterentwicklung vor allem auch der komplexen Natur der Finanzmärkte mehr Rechnung getragen werden. Denn die relativ einfachen, linearen Modelle der neoklassischen Kapitalmarkttheorie konnten sich diesen bisher nicht ausreichend annähern, wobei hier die Behavioral Finance Forschung einen wichtigen Beitrag leisten kann.[124] In der abschließenden Betrachtung liefert die verhaltenswissenschaftliche Finanzmarktforschung dennoch konkrete Anhaltspunkte für das aktive Anlagemanagement von Privatanlegern, zumindest nach aktuellem Stand.[125]

---

[121] Fama (1998), S. 285
[122] Vgl. Daxhammer & Facsar (2012), S. 300
[123] Vgl. MacKinley (1995), S.5 & Black (1993), S. 9
[124] Vgl. Roßbach (2001), S. 29
[125] Vgl. Daxhammer & Facsar (2012), S. 301

31

3 Empirische Analyse zum Anlegerverhalten

3.1 Klassifizierung und Risikoneigung von Investoren

Die Kundenberater von Kreditinstituten haben laut Wertpapierhandelsgesetz (WPHG), ihre Anleger ausreichend über die jeweiligen Anlageformen und die daraus resultierenden Risiken zu informieren. Dennoch lässt sich festhalten, dass nicht abschließend festgestellt werden kann inwieweit die Anleger die ihnen gegebenen Informationen überhaupt verstehen und was sie daraus schließen. Dies zeigt sich in dem Verhalten der Anleger, dass sich Investoren in ihrer Risikoeinschätzung umso mehr verschätzen, je größer das Risiko der Anlage ist. Insbesondere erfordert dies umso mehr Beratungsaufwand zur richtigen Risikoübermittlung einer Anlage, je risikoreicher diese Anlage ist.[126] Zur Übermittlung der Risikodarstellung auf der Individualebene des Anlegers, können die Erkenntnisse der Behavioral Finance Forschung wiederum wichtige Ansatzpunkte liefern.[127]

Laut WPHG Allgemeine Verhaltensregeln; Verordnungsermächtigung schreibt das Gesetzt unter §63 Absatz (7) vor: „Wertpapierdienstleistungsunternehmen sind verpflichtet, ihren Kunden rechtzeitig und in verständlicher Form angemessene Informationen (...) zur Verfügung zu stellen, die erforderlich sind, damit die Kunden nach vernünftigem Ermessen die Art und die Risiken der ihnen angebotenen oder von ihnen nachgefragten Arten von Finanzinstrumenten oder Wertpapierdienstleistungen verstehen und auf dieser Grundlage ihre Anlageentscheidung treffen können".

Die Definition der „Risiken" laut WPHG § 63 liefert nur unzureichende Informationen über die Klassifizierung und Risikoneigung von Anlegern. Folglich steht jedem Wertpapierdienstleistungsunternehmen frei, wie Risikoklassen definiert werden können. Infolgedessen liefert die Literatur eine schier unüberschaubare Anzahl an Definitionen zur Risikoklasse. Dennoch soll aus der Literatur diejenige Risikoneigung herausgearbeitet werden, die zu einer Lösungsfindung der Arbeit beitragen kann.

---

[126] Vgl. Siebenmorgen & Weber (1999), S. 10
[127] Vgl. ebd. (1999), S. 3

Demnach teilt die Consorsbank die Risiken wie folgt ein:

Finanzprodukte mit geringem Risiko, darunter fallen Wertpapiere des Bundes, Pfandbriefe und Kommunalobligationen sowie Anleihen anderer Emittenten aus Euro-Ländern in Euro mit Restlaufzeit kleiner als 3 Jahre und Geldmarktfonds. Diese werden seitens der Consorsbank unter der Risikoklasse 1 geführt. In der Risikoklasse 2 befinden sich Finanzprodukte mit geringem bis mittleren Risiko. Darunter fallen Wertpapiere des Bundes und Pfandbriefe sowie Kommunalobligationen. Zusätzlich sind Anleihen anderer Emittenten aus Euro-Ländern in Euro mit Restlaufzeit von 3 bis 10 Jahren und Rentenfonds in der Risikoklasse enthalten. Die Risikoklasse 3 betitelt Finanzprodukte mit mittlerem Risiko und wird definiert mit Aktien (Standardwerte) und Fonds sowie Aktienfonds. Unter die Risikoklasse 4 fallen Finanzprodukte mit hohem Risiko. Darunter bewegen sich deutsche Aktien (Nebenwerte) und Zertifikate ohne Knock-out-Charakter sowie Zertifikate auf DAX und Anleihen in Fremdwährung sowie Anleihen aus nicht Euro-Ländern. Risikoklasse 5 definiert sich als Finanzprodukt mit sehr hohem Risiko. Hierunter fallen ausländische Aktien (Nebenwerte) und getrennte Optionsscheine.[128]

Hingegen weiter gefasst und verallgemeinert definieren Vogelsang, et al. in ihrem Handbuch Finanz- und Vermögensgestaltungsplanung einen Anleger als den konservativen, den risikofreudigen und den spekulativen Typ.[129] Vogelsang, et al merken jedoch an, dass eine Unterteilung in weiche Faktoren wie konservativ, risikofreudig und spekulativ, erkennbare Schwächen zeigt. Folglich ist der Begriff „Spekulativ" wenig konkret und für den Anleger kaum quantitativ zu deuten. Infolgedessen liefern betroffene Kunden deutlich unterschiedliche Beschreibungen über diese weichen Typisierungsklassen. Dementsprechend lässt sich hier bereits eine wesentlich kritische Masse an Missverständnissen einpreisen. Das Verhalten der Anleger lässt sich auch durch die Ausprägung in Stresssituationen in unterschiedlichen Verhaltensmustern erkennen. Insbesondere lässt sich feststellen, dass ein Anleger durch einen eher gelassenen Umgang mit Risiken und Veränderungen versucht das Risiko so gering wie möglich zu halten und vorschnelle Entscheidungen zu vermeiden. Während hingegen risikoscheue Personen, deren Entscheidungsmacht als gering ausfällt, der Sicherheitsgedanke im Vordergrund

---

[128] Vgl. Consorsbank (2016)
[129] Vgl. Vogelsang, et al. (2000), S. 54

steht. In der Folge zeichnet sich bei dieser Personengruppe ab, dass diese in der Regel jedes größere Risiko vermeiden. Dennoch dokumentieren Vogelsang, et al. das es auch bei dieser Gruppe zu vielfältigen Teilaspekten führen kann. In einer differenzierten Betrachtung können Personen mit einem guten Selbstbewusstsein und einem gesunden Menschenverstand als eher vorsichtige Investoren beschrieben werden, die sich für ein kontrolliertes Vorgehen bei Risiken einsetzen. Ein Investor der bereits Erfahrung gesammelt hat und eine ausreichende Liquiditätsreserve aufgebaut hat, kann dagegen als risikofreudiger Anleger bezeichnet werden. Dem risikofreudigen Anleger fällt es folglich auch leichter, Verluste hinnehmen zu können.[130]

In der Schlussbetrachtung lässt sich feststellen, dass die Risikoklassen 1-2 der Consorsbank, die Merkmale des konservativen Typs aufweisen. Hingegen die Risikoklasse 3 der Consorsbank, sich mit dem risikofreudigen Typ in Verbindung bringen lassen. Folglich lassen sich dem spekulativen Typ die Risikoklasse 4 und 5 der Consorsbank zuordnen. Entscheidend im Rahmen dieser Arbeit ist dennoch die Einschätzung der Anleger. So wird für den weiteren Gang der Arbeit die Einteilung der Risikoneigung nach dem konservativem, dem risikofreudigen und dem spekulativem Anleger vorgenommen. Das Ziel besteht darin, festzustellen wie sich Anleger selbst einschätzen würden, um daraus ableiten zu können, ob die tatsächlich gewählte Risikoneigung Einfluss auf die gewählten Entscheidungen nimmt.

3.2 Analyse der Portfoliozusammenstellung von Privatanlegern

Bei der Analyse der Portfoliozusammenstellung wurde in der Umfrage darauf beachtet, dass die Teilnehmer eine annähernd repräsentative Stichprobe aller Altersgruppen widerspiegeln. Die Umfrage bezieht sich dabei auf eine Teilnehmerzahl von 52 Teilnehmern. So wurde in der Umfrage damit begonnen, zuerst die Altersklassen zu definieren. Um die Stichprobe nicht zu weit zu streuen, erfolgte die Einteilung in Klassen, die sich wie folgt definieren:

Die Stichprobe der Altersklassen setzt sich aus 52 Teilnehmern zusammen, wobei der größte Anteil auf die Klasse 31-40 Jahre entfällt. Demnach sehen sich 18 Personen in dieser Klasse, was einen Anteil an der Gesamtteilnehmerzahl von 34,62% entspricht. Das durchschnittliche Alter liegt somit bei 35,77 Jahren. Wie

---

[130] Vgl. Vogelsang, et al. (2000), S. 55

in der Grafik oben zu erkennen, weist die Teilnehmerzahl eine annähernde Gleichverteilung auf. Bei der Teilnehmerklasse > 75 Jahren zeichnete sich eine starke Unterrepräsentanz gegenüber den anderen Klassen ab. Dies lässt sich womöglich auf den Umfrageweg zurückführen, da die Umfrage größtenteils über Onlinekanäle und soziale Medien durchgeführt wurde. Nur zu einem geringen Teil wurde eine telefonische Befragung vorgenommen und hierbei hielt sich die Teilnehmerbegeisterung in Grenzen. Zudem kann angemerkt werden, dass die Teilnehmer >75 Jahre nur unzureichend online –und telefonisch erreicht werden konnten. Dasselbe Ergebnis zeichnete sich auch bei den Teilnehmern <20 Jahre ab. Hier bleibt anzumerken inwieweit diese Anlegerklasse überhaupt an Finanzmärkten tätig ist. Abgesehen davon bleibt festzuhalten, ob es dieser Altersklasse überhaupt möglich ist die notwendigen Mittel aufzubringen, um aktiv an den Finanzmärkten, kursbeeinflussenden Reaktionen hervorrufen zu können. Dennoch sollte die Auswertung eine geeignete Stichprobe darstellen, um daraus Portfoliozusammenstellungen ableiten zu können.

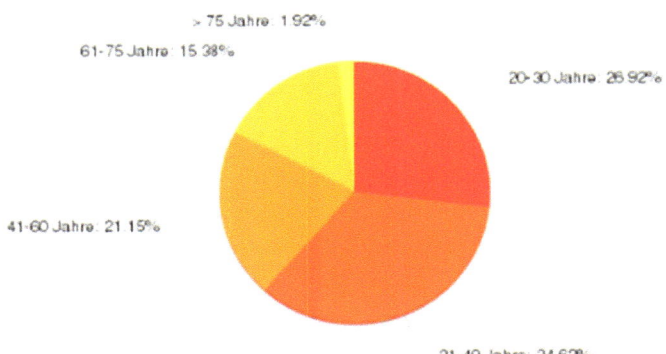

Abb. 4 Altersklassen
Quelle: Eigene Darstellung

Im nächsten Schritt erfolgte eine Analyse der Erfahrungen mit Wertpapieren. Dabei wurde wieder eine Klassenskalierung gewählt. Anhand des Kuchendiagramms lässt sich wiederum eine annähernde Gleichverteilung der Stichprobe erkennen. Dennoch zeigt der Zeitraum 1-2 Jahre eine starke Untergewichtung in der Verteilung der Klassen. Entweder besaßen die Teilnehmer nur geringe Erfahrungen oder waren bereits seit mindestens 3 Jahren in Wertpapieren investiert. Jedoch kann nicht abschließend geklärt werden, was ausschlagend dafür war. Dennoch lässt sich festhalten, dass die durchschnittliche Erfahrung bei 5,09 Jahren liegt.

Folglich kann davon ausgegangen werden, dass die Teilnehmer bereits Investitionsentscheidungen getroffen haben und an Finanzmärkten tätig waren, was wiederum hilfreich bei der Auswertung der Anomalien ist. Der zweite Schritt bestand darin, die Vermögenssituation und die Anlageklassen der Anleger zu ermitteln. Zur Ermittlung wurde eine Klassenskalierung in Kreisdiagrammform für die Vermögenssituation gewählt und ein Balkendiagramm für die Aufteilung der Anlageklassen hinzugenommen.

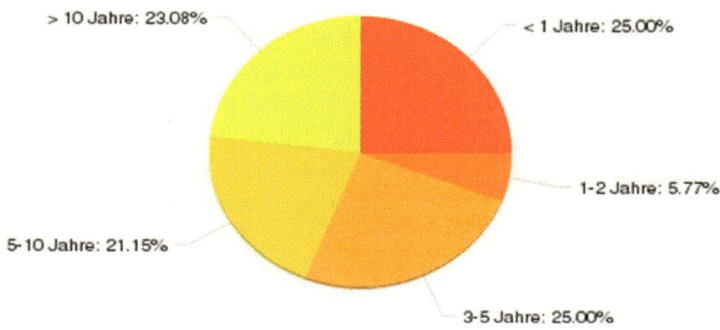

Abb. 5 Wertpapiererfahrung
Quelle: Eigene Darstellung

Die Vermögenssituation stellt sich wie folgt dar:

Abb. 6 Vermögenssituation
Quelle: Eigene Darstellung

Die Anlageklassen spiegeln folgende Situation wider:

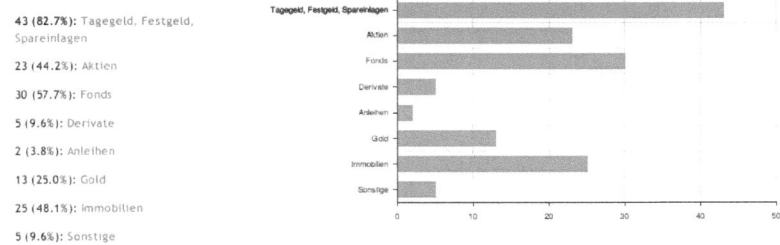

43 (82.7%): Tagegeld, Festgeld, Spareinlagen

23 (44.2%): Aktien

30 (57.7%): Fonds

5 (9.6%): Derivate

2 (3.8%): Anleihen

13 (25.0%): Gold

25 (48.1%): Immobilien

5 (9.6%): Sonstige

Abb. 7 Vermögensaufteilung
Quelle: Eigene Darstellung

Demnach nimmt der Anteil von Spareinlagen mit 43 Teilnehmern bzw. einem Anteil von knapp 83% den überwiegenden Teil der Anlageklassen ein. Jedoch wird angemerkt, dass hier eine Mehrfachauswahl zu Verfügung stand. D.h. Teilnehmer hatten die Möglichkeit mehrere Anlageklassen auszuwählen.

3.3 Anomalien und Aktieninvestments im Zusammenhang

In diesem Abschnitt werden ausgewählte Anomalien analysiert, die eine starke Auffälligkeit im Verhalten der Teilnehmer reflektieren. Somit erfolgt eine Analyse der Antworten, welche auf ein begrenzt rationales Verhalten schließen lassen. Begonnen wird mit den Testergebnissen des Loss Aversion Bias, gefolgt von den Testergebnissen des Availability Bias und der Analyse der Illusion of Control Heuristik. Die weiteren Testergebnisse sowie die gesamte empirische Auswertung und die statistischen Daten können im Anhang nachgelesen werden.

3.3.1 Testergebnisse des Loss Aversion Bias

6. Wählen Sie eines dieser beiden Ergebnisse: *

Anzahl Teilnehmer: 52

39 (75.0%): Ein sicherer Gewinn von 475 EUR

13 (25.0%): Eine 25%ige Wahrscheinlichkeit %ige Wahrscheinlichkeit auf einen Gewinn vo... : 25.00% auf einen Gewinn von 2.000 EUR und eine 75%ige Wahrscheinlichkeit nichts zu gewinnen.

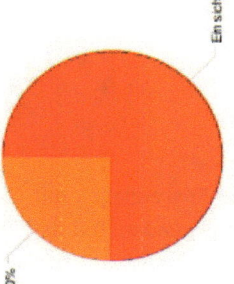

Ein sicherer Gewinn von 475 EUR: 75.00%

Empirische Analyse zum Anlegerverhalten

7. Wählen Sie eines dieser beiden Ergebnisse: ˄

Anzahl Teilnehmer: 52

8 (15.4%): Ein sicherer Verlust von 725 EUR.

44 (84.6%): Eine 75%ige Wahrscheinlichkeit 1.000 EUR zu verlieren und eine 25%ige Wahrscheinlichkeit nichts zu verlieren.

Ein sicherer Verlust von 725 EUR.: 15.38%

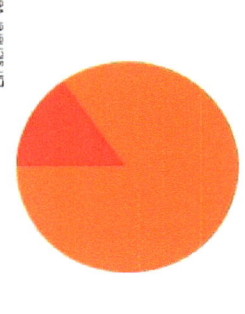

ne 75%ige Wahrscheinlichkeit 1.000 EUR zu verlie...: 84.62%

Abb. 8 Fragestellung zur Loss Aversion
Quelle: Eigene Darstellung

Wie aus obiger Darstellung zu erkennen, entschieden sich 75% der Teilnehmer für einen sicheren Gewinn anstelle der Wahrscheinlichkeit 2.000 EUR zu gewinnen oder nichts zu gewinnen. Die rationale Antwort wäre jedoch „b". Demnach wären die Teilnehmer die sich für „a" entschieden haben, anfällig für die Verlustaversion.[131] Bei der umgekehrten Frage zum Verlust, entschieden sich knapp 85% der Teilnehmer für die Antwort „b". Jedoch wäre bei dieser Frage „a" die rationale Antwort.[132] Dies zeigt deutlich, dass fast ausnahmslos alle Teilnehmer anfällig für die Verlustaversion sind. Wenn man nun danach selektiert, welche Anleger sich ausnahmslos für eine rationale Antwort entschieden haben, folglich Antwort „b" bei der ersten Frage und Antwort „a" bei der zweiten Frage, dann bleiben letztendlich 3 Teilnehmer übrig. Dies würde zu einer Quote von knapp 3% aller Antworten führen. Dies bedeutet, 97% der Teilnehmer treffen hier irrationale Investitionsentscheidungen. Anzumerken bleibt, dass diese 3 Teilnehmer der Risikoneigung risikobereit zuzuordnen sind.

Eine weitere Auswertung soll klären, ob dieses Verhalten womöglich auf das Alter der Teilnehmer zurückzuführen ist. Die Frage lautet nun: Wer entscheidet Rationaler, also welche Altersgruppe hat sich für eine 25%ige Wahrscheinlichkeit entschieden 2.000 EUR zu gewinnen? Insgesamt entschieden sich bei dieser Frage 13 Teilnehmer für die Antwort „a". In der Altersklasse 20 – 40 Jahren entschieden sich 11 Teilnehmer also 85% für diese Antwort. Die 2 Teilnehmer aus der Klasse 41 – 75 Jahren waren folglich mit 25% vertreten. Hier bleibt auch wieder anzumerken, dass sich die Teilnehmer fast ausnahmslos als risikobewusste Anleger definieren. Die weitere Frage soll nun klären, ob womöglich die Risikobereitschaft Einfluss auf die Entscheidung des Anlegers nimmt. Von den 13 Teilnehmern haben 12 Teilnehmer den Status „Risikobewusst" und 1 Teilnehmer den Status Sicherheitsorientiert. Das bedeutet, knapp 92% der 13 Teilnehmer befinden sich in der Gruppe „Risikobewusst". Dies wiederum teilt sich auf in 10 Teilnehmer der Altersklasse 20 – 40 Jahren und 2 Teilnehmer der Klasse 41 – 75 Jahren. Somit ist die Altersklasse 20 – 40 Jahren und „risikobewusst" mit knapp 83% vertreten. Daraus folgt, dass die Altersgruppe 20 – 40 Jahren deutlich risikobewusster ist, als die Klasse von 41 – 75 Jahren. Der Tatsache gerecht zu werden, dass dies unter Umständen auf die unterschiedlichen Teilnehmerzahlen zurückzuführen ist, wel-

---

[131] Vgl. Pompian (2006), S.214
[132] Vgl. ebd. (2006), S. 214

che bei den älteren Gruppen geringer ausfiel als bei der jüngeren Gruppe, soll nun untersucht werden. Daher wird nun abschließend eine Verhältniskennzahl zu Frage 1 ermittelt, genauer zwischen Antwort „a" und „b". Demnach waren in der Gruppe 41 – 75 Jahren und risikobewusst, 8 Teilnehmer zu ermitteln und 2 dieser Teilnehmer antworteten mit der Antwort „b". Das bedeutet, 25% der Teilnehmer wählten die rationale Antwort. Bei der Gruppe 20 – 40 Jahren ergaben sich 18 Teilnehmer, worunter sich 10 Teilnehmer also knapp 55% für die rationale Antwort „b" und 8 Teilnehmer also 45%, für die irrationale Antwort entschieden haben.

Im Ergebnis zeigt die Analyse einen Hinweis darauf, dass Investoren fast ausnahmslos irrationales Verhalten bei Investitionsentscheidungen zeigen. Weiter zeigt die Auswertung, dass jüngere Altersgruppen Rationaler entscheiden, als ältere Altersgruppen. Die Auswertung zeigt auch, dass die rationale Antwort „b" abhängig von der Risikobereitschaft ist. Ein Zusammenhang zwischen der Vermögenssituation und der Erfahrung konnte bei der Ermittlung der Ergebnisse nicht festgestellt werden. In der Schlussbetrachtung kann somit gesagt werden, dass jüngere, risikobewusste Altersgruppen rationaler entscheiden, als ältere risikobewusste Altersgruppen, unabhängig von der Vermögenssituation und der Erfahrung.

3.3.2 Testergebnisse des Availability Bias

Stellen Sie sich vor, Sie haben einen bestimmten Geldbetrag zur Investition zur Verfügung und Ihr Nachbar gibt Ihnen einen guten Aktientip. Bekanntermaßen hat Ihr Nachbar einen guten Börsensinn. Er empfiehlt Ihnen, Anteile an TechCom AG zu kaufen, einer Firma, die eine neue Art von Prozessorchips für Smart Phones herstellt. Was ist Ihre Antwort auf diese Situation? *

Anzahl Teilnehmer: 52

7 (13.5%): Ich werde wahrscheinlich ein paar Aktien kaufen, da mein Nachbar normalerweise Recht hat.

45 (86.5%): Ich werde mir vorab nochmal ein paar Gedanken dazu machen und weitere Nachforschungen anstellen, bevor ich eine Kaufentscheidung treffe.

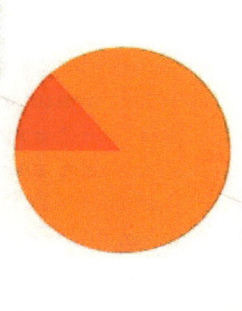

Ich werde wahrscheinlich ein paar Aktien kaufen, d...: 13.46%

Ich werde mir vorab nochmal ein paar Gedanken dazu...: 86.54%

Was führt zu mehr Toten in den USA? *

Anzahl Teilnehmer: 52

12 (23.1%): Blitze

40 (76.9%): Tornados

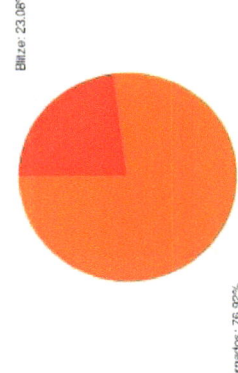

Blitze: 23.08%

Tornados: 76.92%

Abb. 9 Fragestellung zum Availability Bias

Quelle: Eigene Darstellung

Die Fragenaufteilung wurde so gestaltet, dass zuerst überprüft werden soll, wie sich die Teilnehmer bei einer Investitionsentscheidung verhalten. Die zweite Frage testet dieselbe Heuristik, jedoch unabhängig von einer Investitionsentscheidung. Demnach sind die Teilnehmer die bei der ersten Frage die Antwort "a" wählen, mit größerer Wahrscheinlichkeit anfällig für die Verfügbarkeitsheuristik.[133] Jedoch entschieden sich knapp 87% der Teilnehmer für die Antwort „b", was in diesem Fall die rationale Antwort darstellt. Bei der zweiten Frage gestaltet sich die Situation anders. Hier wäre die Antwort „a" die rationale Antwort. Befragte die "b" wählen also 77%, sind somit mit größerer Wahrscheinlichkeit anfällig für die Verfügbarkeitsheuristik. Denn die rationale Entscheidung wäre hier die Antwort „a". Tatsächlich werden in den USA mehr Amerikaner jährlich durch Blitze getötet als durch Tornados. Dies ist darauf zurückzuführen, dass Medienaufmerksamkeit und andere Öffentlichkeitsarbeit Tornado-Todesfälle einprägsamer und damit "verfügbarer" für Menschen macht, als Nachrichten zu Blitzen.[134]

Interessanterweise würden die Teilnehmer sobald es sich um eine Investitionsentscheidung handelt, nicht einfach dem „Nachbarn" vertrauen, sondern vorab nochmals Nachforschungen über das Investment anstellen. Wenn tatsächlich die Teilnehmer bei Entscheidungen vorab Recherchen anstellen würden, müsste sich auch bei Frage 2 ein anderes Bild der Verteilung ergeben, nämlich zugunsten der Antwort „a". Denn hier wäre die „a" die rationale Antwort. Dennoch zeigt die Antwort irrationale Entscheidungen der Teilnehmer. Nicht auszuschließen ist, dass die Antwort „b" bei Frage 1 nur gewählt wurde, weil ein Mangel an Vertrauen zum „Nachbarn" besteht.

Weiter stellte sich die Frage, ob wiederum die Antworten bei Frage 1 abhängig von der Altersgruppe waren. In der Altersklasse 20 –40 Jahren befanden sich insgesamt 32 Teilnehmer, wovon 30 Teilnehmer also 94%, sich für die rationale Antwort entschieden haben. Die Altersklasse 41 – 75 Jahren und älter war mit 20 Teilnehmern vertreten und 15 Teilnehmer entschieden sich für die Antwort „b", was somit 75% der Teilnehmer ausmacht. Demnach lassen rationale Entscheidungen nach, je älter die Teilnehmergruppe ist. Weiter wurde geprüft, welche Gruppe ausnahmslos Rational entschied. So waren 11 von 52 Teilnehmern in dieser Auswertung zu finden. Dies entspricht einer Quote von 21%. Ein Hinweis da-

---

[133] Vgl. Pompian (2006), S. 102
[134] Vgl. ebd. (2006), S. 102

rauf, ob dies von der Altersgruppe abhängt, konnte nicht ausreichend bestätigt werden

Im folgenden Schritt stellte sich nun die Frage, ob diese Tendenz auch bei Frage 2 zu erkennen ist. Begonnen wurde wieder mit der gleichen Gruppeneinteilung. Dabei ergab sich, dass in der Gruppe 20 – 40 Jahren bestehend aus 32 Teilnehmern, 10 von 32 Teilnehmern die Antwort „a" wählten. Dies entspricht einer Quote von 31,25%. Die Gruppe 41 – 75 Jahren kam auf 20 Teilnehmer, wobei 10% also 2 Teilnehmer sich für die rationale Antwort entschieden. Ein weiterer Hinweis auf irrationales Verhalten bei älteren Personengruppen. Nun werden die einzelnen Klassen analysiert. Die Gruppe 20 – 30 Jahren kam auf eine Quote von 36%. Die Gruppe 31 – 40 Jahren rangiert bei 27% und die Gruppe von 41 – 60 Jahren kommt dabei auf 18%. Die letzten beiden Gruppen d.h. ab 61 Jahre und darüber erzielten eine Quote von 0%. Dies deutet wiederum auf begrenzt rationales Verhalten hin, je älter die Teilnehmer werden.

Der letzte Test bezog sich auf die Risikoneigung. Hierbei wird die Frage 1 analysiert, da diese mehr Bezug zu Investitionsentscheidungen aufweist, wobei hier die Risikoneigung mehr an Bedeutung gewinnt. Demnach wählten 45 Teilnehmer die Antwort „b". Wobei 23 Teilnehmer der Risikoneigung „risikobewusst" und 21 Teilnehmer der Neigung „sicherheitsorientiert" zuzuordnen sind. Hier waren keine besonderen Auffälligkeiten festzustellen. Nun erfolgt eine Untersuchung nach jüngeren und älteren Gruppen, also zwischen 20 – 40 Jahren und 41 – 75 Jahren. So zeigte sich, dass von 29 Teilnehmern der jüngeren Gruppe, 17 Teilnehmer risikobewusst eingestuft sind. Dies ergibt eine Quote von 58%. Hingegen weist die Gruppe zwischen 41 – 75 Jahren eine Quote von 43% auf, also 6 Personen bei insgesamt 14 Teilnehmern. Ein Zusammenhang zwischen Erfahrung, dem Vermögen und einer rationalen Entscheidung konnte nicht bestätigt werden.

In der Schlussbetrachtung deutet dies wiederum darauf hin, dass jüngere Teilnehmergruppen rationaler entscheiden. Einen Einfluss nimmt dabei jedoch das Risikobewusstsein. Die älteren Personengruppen entscheiden dagegen mehr Irrationaler. Wobei das Sicherheitsbewusstsein der älteren Gruppe, bei rationalen Investitionsentscheidungen im Vordergrund steht. Auffallend war auch, dass je älter die Teilnehmer werden, umso irrationaler werden Entscheidungen getroffen und desto weniger wichtig werden nochmalige Nachforschungen bzgl. der Informationslage. So kann wiederum gesagt werden, jüngere risikobewusste Personengruppen entscheiden rationaler, unabhängig von der Vermögenssituation und der Erfahrung.

3.3.3 Testergebnisse des Illusion of Control Bias

Wenn Sie an Glücksspielen mit Würfeln wie Backgammon und Monopoly teilnehmen, denken Sie, dass sie die meiste Kontrolle ausüben, wenn Sie selbst würfeln? *

Anzahl Teilnehmer: 52

33 (63.5%): Ich habe mehr Kontrolle, wenn ich selbst würfle.

19 (36.5%): Mir ist egal, wer die Würfel wirft.

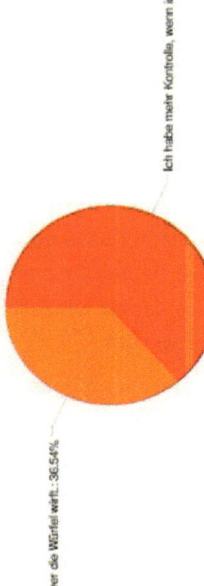

Mir ist egal, wer die Würfel wirft.: 36.54%

Ich habe mehr Kontrolle, wenn ich selbst würfle.: 6...

Wenn sich die Renditen für Ihr Portfolio erhöht haben, was denken Sie war ausschlaggebend?

Anzahl Teilnehmer: 52

6 (11.5%): Die Kontrolle, die ich über das Ergebnis meiner Investitionen ausgeübt habe.

44 (84.6%): Eine Kombination aus Investmentkontrolle und Zufall.

2 (3.8%): Völlig zufällig

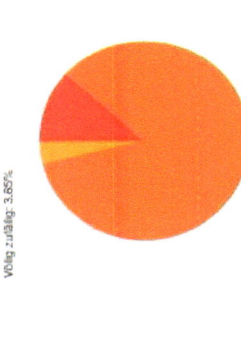

Die Kontrolle, die ich über das Ergebnis meiner In... 11.54%

Völlig zufällig: 3.85%

Eine Kombination aus Investmentkontrolle und Zufa...: 84.62%

Abb. 10 Fragestellung zur Illusion of Control

Quelle: Eigene Darstellung

Begonnen wird mit einer allgemeinen Frage zum Illusion of Control Bias, gefolgt von einer Frage die das Verhalten der Teilnehmer bei einer Investitionsentscheidung testen soll. Bei der Frage 1 entschieden sich knapp 63,5% der Teilnehmer für die Antwort „a" und 36,5% für die Antwort „b". Die rationale Entscheidung wäre in dem Fall die Antwort „b". Denn diejenigen Menschen, die sich sicherer fühlen, wenn Sie die Würfel selbst würfeln, anstatt das jemand anders würfelt, sind eher anfällig für die Kontrollillusions-Heuristik.[135] Demnach zeigt Antwort „a" bei Frage 1 eine Tendenz zu irrationalem Verhalten. Bei der zweiten Frage wäre die Antwort „a" und „b" die irrationale Antwort. Demnach wären die Teilnehmer für die Kontrollillusionsheuristik anfällig die glauben, irgendeine Form der Kontrolle über ihre Investments ausüben zu können.[136] Denn sogar die weisesten und besten Investoren haben absolut keine Kontrolle über die Resultate ihrer Investitionen, die sie tätigen.[137] Demnach zeigt das Ergebnis der Auswertung, dass knapp 96% der Teilnehmer hierbei die irrationalen Antworten wählen würden und nur 2 Teilnehmer ausnahmslos Rational entscheiden. Aus diesem Grund wird bei der Frage 2 auf eine weitere Untersuchung der Ergebnisse verzichtet, da eine Aussage über die Altersgruppen nur unzureichend repräsentative Ergebnisse liefern würden. Vielmehr wird sodann auf Frage 1 zurückgegriffen, um eine Analyse der Altersgruppen in Verbindung mit rationalem Verhalten vorzunehmen. Zuerst erfolgt eine Analyse nach jüngeren und älteren Teilnehmergruppen und im Anschluss erfolgt eine Aufteilung nach der jeweiligen Altersklasse. Bei der ersten Frage befanden sich von insgesamt 52 Teilnehmern, 32 Personen in der Gruppe 20 – 40 Jahren. Davon antworteten 12 der Teilnehmer mit der rationalen Antwort „b", wobei dies einer Quote von 37,5% der Teilnehmer ausmacht. In der Gruppe 41 – 75 Jahren antworteten von gesamt 19 Personen, 7 Umfrager mit der rationalen Antwort, was einer Quote von knapp 37% entspricht. Das Ergebnis zeigt, dass hier keine Anzeichen bestehen, ob eine Altersgruppe rationaler entscheidet als die andere Gruppe. Daher sollen nun die einzelnen Klassen überprüft werden. So zeichnete sich in der Gruppe 20 – 30 Jahre eine Quote von 35,7% ab. Die Klasse 31 – 40 Jahre trägt eine Quote von knapp 39% und die Klasse 41 – 60 Jahren weist eine Quote von 55% auf. Während hingegen die Gruppe von 61 – über 75 Jahren eine Quote von 11% aufweist. Ein eindeutiger Hinweis darauf, dass jünge-

---

[135] Vgl. Pompian (2006), S. 116
[136] Vgl. ebd. (2006), S. 117
[137] Vgl. Pompian (2006), S. 117

re Altersgruppen rationaler entscheiden als ältere Gruppen, konnte auch hierbei nicht ausreichend bestätigt werden. Einziges Merkmal, dass die Gruppe 41 – 60 Jahren stärker nach oben ausreißt und die Gruppe 61 – über 75 Jahren stärker nach unten durchschlägt. Gründe hierfür konnten nicht hinreichend geklärt werden. Die nächste Frage lautete: Könnte wiederum die Risikoneigung Einfluss nehmen? Hierbei befanden sich in der jüngeren Gruppe also von 20 – 40 Jahren, die bereits genannten 12 Teilnehmer, wovon 7 Teilnehmer mit der Risikoneigung „risikobewusst" vertreten waren und 1 Teilnehmer der Neigung „Spekulativ". Beide Neigungen zusammengefasst, ergibt dies eine Quote von fast 67%. Demnach ist die Gruppe von 41 –über 75 Jahren mit 7 Teilnehmern vertreten. Wovon 4 Teilnehmer der Risikoneigung „risikobewusst" zuzuordnen waren und somit 57% dieser Gruppe ausmachten. Eine aussagekräftige Interpretation der Ergebnisse und ob einen Tendenz zu einer bestimmten Risikoneigung besteht, kann nicht abschließend geklärt werden. Dies mag der Tatsache geschuldet sein, dass die Teilnehmerzahl in beiden Gruppen eine nur geringe Anzahl an Teilnehmern lieferte und daher für eine abschließende Bewertung eine nur unscharfe Stichprobe darstellt. Im letzten Schritt erfolgte eine Überprüfung der Vermögenssituation und der Erfahrung in Zusammenhang mit rationalem Verhalten. Wiederum konnte kein Zusammenhang zwischen der Erfahrung, dem Vermögen und einer rationalen Entscheidung hergestellt werden.

In der Schlussbetrachtung bleibt festzuhalten, dass zwar irrationales Verhalten der Teilnehmer nachgewiesen wurde, jedoch keine Präferenzen bestehen bzgl. den Altersgruppen. Ebenfalls spielen die Erfahrung und die Vermögenssituation keine Rolle. Insbesondere konnte im Hinblick auf die Risikoneigung kein ausreichender Zusammenhang festgestellt werden, was auch der Situation geschuldet sein mag, dass die Stichprobe nur unscharfe Ergebnisse lieferte. Trotzdem soll vorsichtig behauptet werden, dass die Teilnehmer durchwegs irrationales Verhalten zeigen, jedoch unabhängig vom Alter, der Risikoneigung, der Vermögenssituation und der Erfahrung.

4 Praktischer Nutzen und Handlungsmöglichkeiten

4.1 Herdenverhalten

Das Herdenverhalten beschreibt eine Heuristik mit emotionalem Hintergrund während der Informationsaufnahme. Dem Herdenverhalten könnte entgegengewirkt werden, indem dem Anleger die negativen Folgen und Gefahren des Herdenverhaltens verdeutlicht werden. Durch den emotionalen Hintergrund dieser Heuristik kann der Anlageberater kaum mit verbesserten Informationen auf den Investor einwirken. Vielmehr sollten dem Anleger die Folgeereignisse beim Platzen einer Blase wie bspw. der Dotcom-Blase verdeutlicht werden.[138] Dies könnte dafür sorgen, dass der kurzfristige Investitionsdruck der vom Herdenverhalten ausgelöst wird, abgeschwächt wird. Dennoch gibt es Anleger die diese Blasen ausnutzen wollen, indem der Anleger investiert und verkauft, bevor die vermeintliche Blase platzt. In diesem Fall könnte das Verhalten des Kunden Rational sein, welches der Anlageberater stets im Hinterkopf behalten sollte.[139]

4.2 Confirmation Bias

Der erste Schritt die selektive Wahrnehmung zu überwinden ist anzuerkennen, dass eine Verzerrung in der Wahrnehmung besteht. Insbesondere unterstützt dabei dem Investor nach Informationen zu suchen, die der eigenen Wahrnehmung widersprechen können anstelle die Investitionsentscheidung zu bestätigen. Dies soll jedoch nicht bedeuten, dass die bloße Existenz für widersprüchliche Beweise, die Investitionen als unklug erscheinen lassen. Folglich erleichtert eine breitere Informationsbasis nur die Entscheidungsfindung, denn selbst die genauesten Recherchen und Entscheidungen können misslingen. So sollte sichergestellt werden, dass zumindest alle möglichen Konsequenzen und Perspektiven in die Betrachtung und in die Entscheidung mit einfließen. Im Ergebnis soll damit sichergestellt werden, dass die Anlageauswahl nicht blind vorgefasst erfolgt, sondern auf prak-

---

[138] Der Begriff Dotcom-Blase wurde stark durch die Medien geprägt. Der Begriff beschreibt eine im März 2000 geplatzte Spekulationsblase. Hauptsächlich waren Dotcom-Unternehmen der New Economy betroffen. Diese führte vor allem in Industrieländern zu Vermögensverlusten bei Kleinanlegern. Die Dotcom-Blase war ein Ereignis, welches sich auf die ganze Welt auswirkte.

[139] Vgl. Daxhammer & Facsar (2012), S. 265f

tischen Überlegungen basiert.[140] Die Kommunikation zwischen Investor und Anlageberater bzgl. der Vollständigkeit von Informationen, kann eine realistischere
Erwartungshaltung gegenüber einem Investment stärken. Eine konkrete Ausei-
nandersetzung mit den für und wider eines Investments sollte dabei berücksich-
tigt werden. Allerdings darf nicht außer Acht gelassen werden, dass diese Heran-
gehensweise zur Verstärkung des risiko-/renditeschädlichen Status-Quo-Bias
führen kann.[141]

4.3 Availability Bias

Um der Verfügbarkeitsheuristik vorzubeugen, sollten Anleger vor der Ausführung
eines Investments sorgfältige Recherchen durchgeführt haben. Dabei hilft sich auf
langfristige Ergebnisse zu konzentrieren und dem Drang zu widerstehen, Trends
hinterherlaufen zu wollen. Der Anleger sollte sich ins Gedächtnis rufen, dass es
ein menschliches Verhalten ist, vorrangig mental überbewertete, aktuelle und be-
richtenswerte Ereignisse aus bspw. Finanzzeitungen oder anderer populärer Medien, Vorrang einzuräumen, wo die Aktien oft erwähnt wurden. Der Anleger sollte
es vermeiden, diesem Verhalten zu verfallen und sich davon nicht beirren lassen.
Ein Sprichwort besagt: „Nichts ist so gut oder so schlecht wie es scheint" bietet
eine gewisse Vorsorge und einen sicheren, vernünftigen Halt, um nicht der Verfügbarkeitsheuristik zu verfallen. Ein Problem besteht darin, dass viele der Investoren die auf Grund solcher Informationen handeln, meist nur ungenaue und unscharfe Informationen zu den Unternehmen besitzen, welche sich auf Grund der
Meinung mehrerer gebildet haben. Die Informationen könnten hierbei bereits
veraltet sein bzw. irreführend gedeutet werden. Die Verfügbarkeitsheuristik verursacht, dass Anleger den Grad der Glaubwürdigkeit von Informationen als Wichtiger einstufen, je mehr mediale Aufmerksamkeit die Information erlangt. Dies
führt dazu, dass viele Anleger unter einer Informationsüberlastung leiden und die
Tatsache übersehen, dass Ihnen oft die Übung, Erfahrung und Objektivität fehlt,
um die Flut an Daten zu filtern und interpretieren zu können. Insbesondere verfallen diese Anleger oft dem ungerechtfertigten Glauben dadurch genauer und
besser informiert zu sein, als es letztendlich der Fall ist.[142] Die Verfügbarkeitsheu-

---

[140] Vgl. Pompian (2006), S. 197f
[141] Vgl. Daxhammer & Facsar (2012), S. 264
[142] Vgl. Pompian (2006), S. 103

ristik könnte abgeschwächt werden, indem der Anlageberater darauf achtet, dass er eine objektive Erfassung der Anlagesituation durch die Ausweitung der Informationsgrundlage sicherstellt und so den Anleger davor bewahrt, einer kurzfristigen „Modeerscheinung" hinterherzulaufen.[143]

4.4 Home Bias

Das Phänomen, dass das Anlegespektrum der meisten Anleger auf den heimischen Markt konzentriert bleibt, beschreibt den Home Bias. Bei dieser Heuristik muss jedoch beachtet werden, dass der Investor für die Übernahme des Risikos das durch Diversifikation eliminiert werden kann, keine Kompensation in Form einer entsprechend höheren Rendite am Kapitalmarkt erhält. Dies bedeutet im Umkehrschluss, dass ein Anleger der sein Vermögen nicht streut im Vergleich zu einem diversifizierten Investor bei gleichen Renditeerwartungen ein höheres Risiko in Kauf nimmt. Insbesondere verzichtet der Anleger ohne Diversifikation, bei gleichem Risiko, auf mögliche Rendite.[144] Die Behavioral Finance Forschung zeigt, dass ein möglicher Grund im Auftreten des Home Bias darin besteht, dass die vom Entscheider wahrgenommene hohe Kompetenz für den heimischen Kapitalmarkt stärker wahrgenommen wird. So lässt sich nicht ausschließen, dass dieses Verhalten auch dem Anlageberater unterliegt, da er bspw. denkt, sich besonders gut auf dem deutschen Markt auszukennen und daher vermehrt hier seine Anlageempfehlungen sucht. Im Ergebnis könnte die individuelle, subjektiv empfundene Kompetenz bei der Bewertung von Alternativen ein Trugschluss sein, welchen der Anlageberater sich bewusst sein sollte.[145]

4.5 Loss Aversion

Der Verlustaversion lässt sich entgegenwirken, indem dem Anleger die desaströsen Auswirkungen dieser Heuristik verdeutlicht werden. Diese Auswirkungen könnten dazu beitragen, dass der Anleger erkennt, welche Folgen das Festhalten an Verliereraktien nach sich zieht.[146] Die Entscheidungsfindung des Anlegers wird dabei maßgeblich von dem ursprünglichen Preis beeinflusst, den der Anleger bei

---

[143] Vgl. Daxhammer & Facsar (2012), S. 263
[144] Vgl. Schiereck & Weber (2000), S.3
[145] Vgl. Jurczyk (2006), S.134
[146] Vgl. Daxhammer & Facsar (2012), S. 273

der Investition gezahlt hat. Eine Stop-Loss Regel kann ein wirksames Mittel dagegen sein.[147] Dabei bietet sich an, mit der Stop-Loss-Regel vor jedem Engagement eine vordefinierte Verlustgrenze festzulegen. Die Verlustbegrenzung sollte dabei nicht zu knapp gesetzt werden, damit sich die Kurse und der Markt noch bewegen können.[148] Die Verlustaversion kann weiterhin dazu beitragen, dass Anleger ihren Gewinn zu früh realisieren aus Angst, dass ihre bereits erzielten Gewinne wieder abschmelzen. Ebenso wie bei einer Stop-Loss-Regel, sollten Kurgewinnmarken definiert werden, die auf den fundamentalen Daten zur Bewertung einer Aktie beruhen. Das Ziel besteht darin, Gewinne laufen zu lassen und Verluste zu begrenzen.[149] Der Anleger sollte niemals eine Investition verkaufen, mangels Geduld oder dem längerem Warten auf Gewinn, weil er immer ängstlicher wird. Der Anleger sollte, falls er vor Erreichen des ursprünglichen Kurziels den Gewinn realisieren möchte, darauf bedacht sein, wie er sich wohl verhalten würde, wenn er genau die umgekehrte Position eingegangen wäre? Anstelle auf steigende Kurse zu setzen, wie würde der Anleger sich bei fallenden Kursen verhalten? Demnach hätte der Anleger anstelle eines Gewinnes einen Buchverlust erlitten. Würde der Anleger gerade hier den Verlust realisieren wollen?[150] Der Anleger sollte sich bewusst machen, dass währenddessen das Geld für andere, ertragreichere Geschäfte nicht zur Verfügung steht. Es macht keinen Sinn, die Investition durch „Dazumischen" weiterer Positionen zu erhöhen, falls der Anleger in den Verlustbereich geraten ist. Dies würde lediglich nur dazu führen, dass sich der durchschnittliche Einstandspreis verbessert aber das zu handelnde Volumen steigert sich beträchtlich.[151] Eine weitere Problematik besteht darin, dass die Verlustaversion dazu führt, dass die Anleger zu gering ausbalancierte Portfolios halten. Eine Aufklärung über die Vorteile einer Anlagenaufteilung und der Streuung auf mehrere Werte ist kritisch zu betrachten und möglicherweise nicht ausreichend. Insbesondere ist dies der Tatsache geschuldet, dass Anleger oft zu der eingegangenen Aktienposition einen emotionalen Bezug aufweisen. In diesem Fall wäre eine nützliche Frage: „Wenn Sie heute nicht im Besitz dieser Aktien wären, würden Sie dann immer noch so viele Aktien dieses Unternehmens halten wollen?" Kann der Anleger die-

---

[147] Vgl. Pompian (2006), S. 214

[148] Vgl. Goldberg & von Nitzsch (2004), S. 223

[149] Vgl. Pompian (2006), S. 214

[150] Vgl. Goldberg & von Nitzsch (2004), S. 231f

[151] Vgl. ebd. (2004), S. 233-237

se Frage mit „Nein" beantworten, könnten sich daraus Ansatzpunkte für Beratungsspielräume ergeben.[152]

4.6 Overconvidence

Die Selbstüberschätzung beschreibt im Zusammenhang mit Investitionen, den unbegründeten Glauben an die eigenen Fähigkeiten, ein Unternehmen als potenzielles Investment identifiziert zu haben. Der Anlageberater sollte diejenigen Kunden dazu auffordern die eine Affinität dafür haben, „heiße" Aktien vorhersagen zu können, Handelsaufzeichnung der letzten zwei Jahre zu führen, um hieraus die tatsächliche Performance der Anlagegeschäfte zu ermitteln. In den meisten Fällen wird sich herausstellen, dass die Handelsaktivitäten unterdurchschnittliche Performancekennzahlen liefern. Sollte dies nicht der Fall sein, empfiehlt es sich weiter in der Historie zurück zu gehen. [153] Daraus folgt, dass Anleger die zu einer hohen Selbstüberschätzung tendieren, zu oft handeln, was wiederum erhebliche Transaktionskosten nach sich zieht. Es bietet sich an, dem Anleger mit der Bereitstellung akkurater Informationen über die Renditen bisheriger Anlagen zu unterstützen. Dies bewahrt den Anleger vor unrealistischen Erwartungen und trägt dazu, bei die Portfolioschädlichkeit zu senken.[154] Viele Anleger die dieser Heuristik verfallen, halten zu gering diversifizierte Portfolios, weil sie dem Glauben verfallen sind, dass die ausgewählten Wertpapiere keine schlechte Performance abgeben werden. Oft reicht hier nicht nur die Erinnerung daran, dass es in der Geschichte bereits viele Beispiele dafür gab, dass auch einst großartige Unternehmen stark fallen können. Eine nützliche Frage an dieser Stelle könnte lauten: „Wenn Sie heute keine XYZ-Aktien dieses Unternehmens hätten, würden Sie weiterhin so viele zukaufen wie Sie bereits heute besitzen?" Lautet in diesem Fall die Antwort „Nein", ergibt sich wiederum Handlungsspielraum.[155] Hierbei sollte der Anleger die eigenen Einflussmöglichkeiten möglichst realistisch betrachten. Daher bietet sich an, die relevanten Faktoren für Erfolg und Misserfolg zu identifizieren. Die Messung sollte bei der Anlageentscheidung nicht erst zum Entscheidungszeitpunkt selbst getroffen werden, sondern auch im Nachhinein sollten deren Auswirkungen auf Erfolg bzw. Misserfolg überprüft werden. Dies macht den

---

[152] Vgl. Pompian (2006), S. 215

[153] Vgl. Pompian (2006), S. 59f

[154] Vgl. Daxhammer & Facsar (2012), S. 269

[155] Vgl. Pompian (2006), S. 60f

Vorteil eines regelmäßigen Feedbacks deutlich, denn hier hat der Anlageberater die Möglichkeit dem Anleger über die Qualität der Entscheidungen und Einschätzungen Auskunft zu geben.[156] Bei diesem Feedbackgespräch bietet sich an, dem Anleger mit detaillierten Informationen über die Renditen der bisherigen Anlagen Auskunft zu geben und so vor unrealistischen Erwartungen zu schützen.[157]

4.7 Representativeness Bias

Der Representativeness Bias lässt sich abschwächen, indem die risiko-/renditebeeinflussenden Faktoren analysiert werden. Insbesondere kann dies erreicht werden, wenn die Renditeentwicklung bspw. eines Fonds über einen längeren Zeitraum von mehreren Jahren untersucht wird anstelle einer kurzfristigen Analyse der Performance, um sodann dies als Investitionsgrundlage in Betracht zu ziehen.[158] Eine Studie von Vanguard Investments Australia, die die fünf besten Fonds von 1994 bis 2003 analysiert hat, welche später von Morningstar veröffentlicht wurde, zeigt die Fondsentwicklung deutlich auf.[159]

Die Ergebnisse der Studie lauten zusammengefasst wie folgt:

- Aus den Top-5-Fonds schafften es nur 16% im Folgejahr, auf die Top-5-Liste zu kommen.

- Im Durchschnitt erzielten 15 Prozent der Top-5-Fonds niedrigere Renditen im darauf folgendem Jahr.

- Die Top-5-Fonds schlugen den Markt im Folgejahr, um maximal 0,3%.

- In einem Betrachtungszeitraum von 10 Jahren schieden 21% der Top-5-Fonds im Folgejahr aus.[160]

4.8 Self Attribution Bias

Einer der zielführendsten Wege dieser Heuristik entgegenzutreten ist, dass der Investor sowohl Gewinne wie auch Verluste so objektiv wie möglich reflektiert. Dies kann daran liegen, dass die meisten Anleger sich zu wenig Zeit nehmen, um

---

[156] Vgl. Laschke & Weber (1999), S. 9

[157] Vgl. Daxhammer & Facsar (2012), S. 269

[158] Vgl. Daxhammer & Facsar (2012), S. 267

[159] Vgl. Pompian (2006), S. 73

[160] Vgl. ebd. (2006), S. 73f

den komplexen Zusammenhängen gerecht zu werden. Demzufolge kann es hilfreich sein, die realisierten Gewinne und die potenziellen Fehler die zu Verlusten beigetragen haben, nochmals zu analysieren. Sich vor gemachten Fehlern aus der Vergangenheit zu fürchten, ist zwar verständlich aber letztendlich irrational. Insbesondere besteht ein schwerwiegender Fehler darin, den gleichen Fehler zu wiederholen. Es bietet sich an, dass der Anlageberater mit dem Kunden eine Nachanalyse des Investments durchführt und beide sich fragen: Wo wurde Geld verdient und wo wurde Geld verloren? Dabei sollte darauf geachtet werden, dass die gewinnbringenden guten Entscheidungen von denen Entscheidungen getrennt werden, die Verluste eingebracht haben. Im Nachgang sollte die Vorteilhaftigkeit einer Entscheidung überprüft werden und versucht werden zu erkennen, was dabei richtig gemacht wurde. Sind die Aktien bspw. zu einem besonders guten Zeitpunkt gekauft worden oder war der Markt allgemein in einer Aufschwungphase? In ähnlicher Weise sollten auch diejenigen Investmententscheidungen überprüft werden, die schlecht gelaufen sind und sich dabei Fragen, was genau bei den Investments schief gegangen ist? Wurden Aktien von Unternehmen mit negativen Jahresüberschüssen gekauft oder wurden die Aktien nahe Ihrem Höchststand gekauft bzw. wurden die Aktien erworben, als sie sich in einer Abschwungphase befanden? Könnte es möglich gewesen sein, zwar eine gute laufende Aktie gekauft zu haben, jedoch den Verkaufszeitpunkt übersehen zu haben oder befand sich der Finanzmarkt in einer allgemeinen Korrekturphase?[161] Die nachträgliche Analyse der Ursachen und deren Ergebnisse könnten dem Anleger dabei helfen, die Self-Attribution Heuristik zu erkennen und möglicherweise sogar abzubauen.[162] Wenn Sie dabei sind unrentable Entscheidungen zu überprüfen, suchen Sie nach Mustern oder Gemeinsamkeiten, um Fehler aufzudecken die Sie u.U. nicht bemerkt haben. Die Fragestellung „Ich werde X in Zukunft nicht mehr tun" oder „Ich werde Y anstatt X in Zukunft tun", könnte diese Heuristik abschwächen. Sich diese Regeln bewusst zu machen hilft, schlechte Angewohnheiten zu überwinden die sich im Laufe der Zeit aufgebaut haben. Rufen Sie sich zum Schluss nochmal in Erinnerung: Aus Fehlern der Vergangenheit zu lernen, ist der beste Weg, ein intelligenter, besserer und erfolgreicher Investor zu werden.[163]

---

[161] Vgl. Pompian (2006), S. 109f
[162] Vgl. Daxhammer & Facsar (2012), S. 272
[163] Vgl. Pompian (2006), S. 110

4.9 Conservatism Bias

Die Wirkung der Konservatismus-Heuristik kann durch Beratung und Aufklärung über weitere Informationen verringert oder korrigiert werden. Der Anleger sollte es vermeiden an alten Prognosen festzuhalten sondern vielmehr sicher und entschlossen sein, sich auf neue Informationen einzulassen. Dies bedeutet nicht, sofort auf jedes neue Ereignis zu reagieren ohne vorher eine sorgfältige Analyse der Informationslage durchgeführt zu haben. Wenn sich herausstellt, dass es am klügsten wäre zu handeln, dann sollte der Anleger entschlossen sein und ohne zu zögern die Handlung umsetzen. Insbesondere wenn es dem Anleger schwer fällt die Informationslage zu interpretieren, sollte der Anleger professionellen Rat hinzuziehen. Wenn dies nicht möglich ist, sollte der Anleger auch nicht handeln. Unterstützend können hierbei folgende Fragestellungen sein: Wie wirkt sich die Entscheidung auf meine Prognose aus? Und was könnte meine Prognose gefährden? Kann der Investor die Fragen ehrlich und guten Gewissens beantworten, ist dies der erste gute Schritt die Heuristik in den Griff zu bekommen. Dennoch kann die Konservatismus-Heuristik gute Entscheidungen verhindern, die vom Investor gemacht werden. So sollte der Anleger stets darauf achten, dass er nicht zu lange an alten Ansichten festhält und dadurch zu langsam auf vielversprechend, neu aufkommende Entwicklungen reagiert.[164] Durch die objektive Betrachtung neuer Informationen, lässt sich diese Heuristik abschwächen. Bei der Beratung sollte darauf geachtet werden, dass der Anlageberater zusätzlich die Wichtigkeit zur Verarbeitung neuer Informationen sicherstellt.[165]

4.10 Status Quo Bias

Die risiko- /renditeschädlichen Auswirkungen des Status Quo Effektes lassen sich wohl am schwierigsten reduzieren. Daraus folgt, dass der Anlageberater nur entgegenwirken kann, indem er die negativen Folgen dieser Heuristik hervorhebt und aufzeigt, welche weiteren Heuristiken der Status Quo Effekt nach sich ziehen kann. Insbesondere hilft dabei aufzuzeigen, welche negativen Folgen aus einer unzureichenden Diversifikation resultieren. Dies führt dazu, dass bei fallenden Wertpapierkursen weitere beträchtliche Risiken entstehen können. Insbesondere durch die Loss Aversion werden Verliereraktien nicht rechtzeitig veräußert. Im

---

[164] Vgl. Pompian (2006), S. 127f
[165] Vgl. Daxhammer & Facsar (2012), S. 267f

Endeffekt nimmt die Portfolioschädlichkeit durch eine möglicherweise zu geringe bzw. unzureichende Streuung auf mehrere Aktien signifikant zu. Der Anlageberater könnte hierbei die Vorteile aufzeigen, die durch den Verkauf von Verliereraktien hervorgehen können, wenn der Kunde nicht länger in einer inaktiven Position verweilt. Durch einen Verkauf können sodann wieder die aktiv gesteckten, langfristigen Investitionsziele verfolgt werden.[166] Steuern und Gebühren erscheinen zwar als legitime Bedenken wenn es darum geht den Status Quo Bias zu ändern, dennoch kann es dem Portfolio mehr Sicherheit bringen sich von Verliereraktien zu trennen. Im Vergleich zu anderen Anlagen sollte dieser Schritt in Erwägung gezogen werden, wenn der Verkauf von Verliereraktien eine bessere Performance nach sich zieht. Daher bietet es sich an, mit dem Kunden einige Berechnungen durchzuführen, um einen finanziellen Vorteil zu ermitteln.[167]

4.11 Illusion of Control

Der Kontrollillusion lässt sich entgegenwirken, indem der Anlageberater die objektive Sicht des Anlegers schärft. Insbesondere sollte der Anleger erkennen, dass eine Investition nie zu 100% das erwartete Ergebnis bringt. Weiter sollte der Anleger verstehen, dass es unmöglich ist den Markt kontrollieren zu können oder dessen Entwicklungen sicher vorherzusagen. Der Anleger sollte daher zugänglich für anderweitige Meinungen sein, welche das Marktgeschehen betreffen und dies dann auch objektiv bewerten.[168] Insbesondere hierfür sollte erste Schritt, eine Schritt zurück sein. Folglich sich nicht von der Kontrollillusion beeinflussen lassen und realisieren, wie komplex in Wirklichkeit der weltweite Finanzmarkt ist. Selbst die schlausten Investoren haben absolut keine Kontrolle über die Ergebnisse der Investitionen die sie tätigen. Insbesondere das Erkennen der Umstände, die eine Anfälligkeit der Kontrollillusion auslösen können hilft ungemein. Beispiel: Ein Dorfbewohner bläst jeden Tag um 6 Uhr abends seine Trompete und keine Massenpanik von Elefanten folgt. Hält die Trompete dadurch wirklich die Elefanten weg? Das gleiche Konzept auf Investitionen anzuwenden, nur weil sich der Anleger entschlossen hat, bewusst diese Aktie zu kaufen und dadurch wirklich das Schicksal oder das Ergebnis dieses Kaufs kontrollieren zu können, erscheint

---

[166] Vgl. Daxhammer & Facsar (2012), S. 274
[167] Vgl. Pompian (2006), S. 253
[168] Vgl. Daxhammer & Facsar (2012), S. 269

als wenig plausibel. Rational gesehen wird deutlich, dass es eher zufällige Korrelationen sind anstatt eines kausalen Zusammenhangs. Was logisch unterscheidbar
wirkt, kann eher eine willkürliche Grundlage sein, welche durch gegensätzliche
Standpunkte überprüft werden sollte. Der Anleger sollte sich einen Moment Zeit
nehmen, um darüber nachzudenken, welche Argumente womöglich gegen den
Handel sprechen können. Hier bieten sich die Fragen an: „Warum mache ich diese
Investition? Und was sind die Abwärtsrisiken? Wann werde ich verkaufen und
was könnte dabei schief laufen?" Diese Fragen unterstützen den Anleger dabei die
Logik hinter der Handlung zu erkennen, bevor eine finale Entscheidung getroffen
wird. Sobald der Anleger eine Investitionsentscheidung getroffen hat, besteht die
beste Möglichkeit die Kontrollillusion zu begrenzen darin, Aufzeichnungen über
die Transaktionen zu führen. Insbesondere hilft sich daran zu erinnern, welche
Gründe jedem Handel zu Grunde lagen. Der Anleger könnte dabei auch vor jeder
Investition einige der wichtigsten Merkmale notieren, für die er sich entschieden
hat. Hierbei sollten auch die Gründe betont werden, welche ausschlaggebend sein
können, die für eine erfolgversprechende Investition sprechen.[169]

---

[169] Vgl. Pompian (2006), S. 117f

5 Thesenförmige Zusammenfassung

1) Weltweit werden Risiken und erwartete Renditen mit verschiedenen Modellen berechnet, welche die Realität in vereinfachten Modellen darstellen sollen. Hierzu bedienen sich die Modelle und Theorien u.a. den restriktiven Annahmen von rational handelnden Individuen, welche in einem effizienten und reibungslosen Kapitalmarkt agieren. Dennoch zeigten die Modell und Theorien schwächen, auf Grund derer sich der Forschungszweig der Behavioral Finance entwickelte. Demnach forderte die Behavioral Finance Theorie eine Abkehr bestehender Modelle und Theorien hinzu einer realistischeren Gestaltung der Marktteilnehmer und der Sichtweise des Marktes. Dieser neuen Sichtweise folgend, sollen die Verhaltensweisen der Anleger empirisch überprüft werden, um daraus Handlungsempfehlungen ableiten zu können.

2) In der Mitte des 18. Jahrhunderts entwickelte sich die klassische Kapitalmarkttheorie welche die menschliche Entscheidungsfindung analysiert. So kam ein entscheidender Beitrag von Adam Smith welcher beschreibt, dass Märkte frei von staatlichen Einflüssen sein sollten und von einer unsichtbaren Hand geleitet werden und das menschliche Handeln rein aus ökonomischen und rationalen Überlegungen abgeleitet werden.

3) Im 20. Jahrhundert enstand die neoklassische Ökonomie, wobei mit der Doktorarbeit von Louis Bachelier der Grundstein zur Entwicklung der neoklassischen Kapitalmarkttheorie gelegt wurde. Seine Erkenntnis war, dass Aktienkursbewegungen statistisch modellierbar sind und die Eigenschaften eines Zufallsprozesses aufweisen.

4) Die Random Walk Theorie betitelt, dass zeitlich aufeinanderfolgende Preisänderungen statistisch unabhängig sind und sich nicht von einer durch einen Zufallsmechanismus erzeugten Zahlenreihe unterscheiden lassen. Dennoch erhielt die Theorie erst Zuspruch, nachdem der Statistiker Maurice Kendall seinen Vortrag zur Analyse ökonomischer Zeitreihen, auf der Jahrestagung der Royal Statistical Society hielt.

5) Ein Modell der neoklassischen Kapitalmarkttheorie war die Annahme des Homo Oeconomicus. Dieser wird beschrieben als der allwissende fehlerlose und mit unbegrenzter Problemlösungsfähigkeit ausgestattete Marktteilnehmer. Er handelt ausnahmslos rational, entscheidet unter Nutzung vollständiger Informationen und trifft rationale Entscheidungen, welche durch

realistische Erwartungen formuliert und nach der Erwartungsnutzentheorie umgesetzt werden.

6) Die Erwartungsnutzentheorie beschreibt rationales Verhalten bei risikobehafteten Entscheidungen unter Einbeziehung der Präferenzen des Entscheiders. Somit besteht ein wesentliches Ziel darin, rationales Verhalten unter Unsicherheit bestimmen zu können. Insbesondere mit dem Hintergrund, dass weder der Ausgang noch die Konsequenzen einer Entscheidung bekannt sind.

7) Die EMH beschreibt einen Markt als „effizient", wenn er alle am Markt verfügbaren Informationen widergibt. Das Ergebnis daraus besagt, dass alle Informationen die irgendwo existieren, bereits in den heutigen Kursen enthalten sind und dieser Tatsache geschuldet, lassen sich dadurch keine Überrenditen erzielen. Die EHM unterscheidet dabei in 3 Effizienzstufen. Einer schwachen, einer mittelstrengen und einer strengen Markteffizienz.

8) Die neoklassische Kapitalmarkttheorie brachte eine Reihe verschiedener Modelle hervor, die das Marktgeschehen vereinfacht darstellen sollen. Die Portfolio Selection Theorie nach Markowitz beschreibt die Erkenntnis, dass sich das Risiko einer Anlage durch eine Streuung auf mehrere Wertpapiere reduzieren lässt. Das CAPM tituliert eine Quantifizierung und Bewertung von Einzelrisiken unter der Annahmen, dass sich Aktienrenditen in Marktrisiken und Einzelrisiken unterteilen lassen. Das APT nutzt zur Ermittlung effizienter Anlagen den Arbitragefreiheitsgedanken, wonach risikolose Gewinne nicht existieren dürften. Die Theorie greift dabei auf eine Linearkombination aus Faktorprämien zurück, welche mit wertpapierspezifischen Faktorsensitivitäten gewichtet werden plus den risikofreien Zins.

9) Die Portfolio Selection Theorie und das CAPM erlangten vor allem Kritik durch die Tatsache, dass die Daten hauptsächlich auf vergangenheitsbezogenen Daten beruhen und daher empirisch schwer überprüfbar sind. Zudem setzen die Modelle ein tiefergreifendes Wissen voraus, was die Ermittlung von Varianzen, Kovarianzen und erwarteten Renditen betrifft. Ein wesentlicher Punkt beim APT liegt darin, dass keine Aussagen zu den renditebeeinflussenden Faktoren getroffen werden. Allgemein wird bei der neoklassischen Kapitalmarkttheorie angemerkt, dass die Geltung des Rationalitätspostulats in Frage gestellt wird und ob die Individuen in Entscheidungssituationen tatsächlich ausnahmslos Rational entscheiden. Insbesondere diese Tatsache macht es anspruchsvoll, den Kapitalmarkt tatsächlich

in gleichgewichtsökonomischer Sicht zu sehen. Daher eigenen sich die Modelle und Theorien nur begrenzt, für praktisch nutzbare Handlungsempfehlungen.

10) Die Erkenntnis das Marktteilnehmer nur zu einem begrenzt rationalen Verhalten in der Lage sind, formte das Bild des Homo Oeconomicus Humanus. Dieser ist weniger an der Maximierung des Eigennutzens interessiert, sondern an den Handlungen und Reaktionen anderer Individuen. Demnach wurden im Laufe der Zeit die Verhaltensweisen der Marktteilnehmer analysiert, welchen nicht mit dem Homo Oeconomicus und der rationalen Nutzenmaximierung in Einklang gebracht werden konnten. Die Erforschung führte letztendlich zur Theorie der Behavioral Finance.

11) Die Zielsetzung der Behavioral Finance besteht darin, den Einfluss der Anlegerpsyche zu klären und die Entscheidungsprozesse sowie die Wahrnehmung und deren Auswirkungen auf das menschliche Verhalten zu erklären. Ein zentraler Gegenstand liegt darin, Anomalien zu erkennen und einen wirtschaftlichen Nutzen daraus zu ziehen sowie Einflüsse offen zu legen, welche Auswirkungen auf die menschlichen Emotionen und kognitiven Fehler hervorheben und die Anlageentscheidungen dadurch systematisch beeinflussen. Eine Einteilung erfolgt dabei in die Aufnahme, die Auswahl und die Verarbeitung von Informationen. Bei den Marktteilnehmern soll erklärbar gemacht werden, warum diese bei Ihren Handlungen immer wieder begrenzt rationale Entscheidungen treffen.

12) Die Prospect Theorie beschreibt wie sich Teilnehmer verhalten, die unter Ungewissheit eine Entscheidung treffen sollen. Dabei muss der Teilnehmer zwischen zwei Handlungsalternativen wählen, welche relativ zu einem subjektiven Bezugspunkt stehen. Die Theorie besagt, dass sich Entscheider dabei an unterschiedlich stark wahrgenommenen Gewinnen und Verlusten orientieren. Somit besteht der Hauptunterscheidungspunkt zur Erwartungsnutzentheorie darin, dass die Prospect Theorie um die Verlustaversion erweitert wurde. Folglich stellt die Prospect Theorie ein Modell der Entscheidungsfindung unter Unsicherheit dar.

13) Das Herdenverhalten beschreibt das Verhalten von Marktteilnehmern, die sich stark an ihrer Umgebung orientieren und von der Meinung der Masse beeinflusst werden und das, obwohl dies oft der eigenen Überzeugung widerspricht.

14) Die Anomalien im menschlichen Verhalten können in verschiedene Bereiche gegliedert werden, wie die Wahrnehmung und die Verarbeitung von Informationen sowie die daraus resultierenden Entscheidungen. Demnach fallen unter Ersteres, der Confirmation Bias, der Availability Bias und der Homeland Bias. Diese nehmen jeweils in verschiedenem Maße Einfluss auf die Informationsaufnahme der Individuen. Insbesondere führt dies dazu, dass die Individuen nicht nach dem Konzept des Homo Oeconomicus handeln. Unter der Verarbeitung von Informationen werden Anomalien wie die Loss Aversion, der Conservatism Bias und die Illusion of Control geführt. Diese Anomalien sorgen dafür, dass die Verarbeitung von Informationen nur unzureichend vorgenommen wird, was letztendlich zu einer Abkehr von den rationalen Annahmen der neoklassischen Kapitalmarkttheorie führt. In der Kategorie der Entscheidungsfindung werden Anomalien wie der Overconvidence Bias, der Representativeness Bias und der Self Attribution Bias sowie der Status Quo Bias geführt. Diese Anomalien sind dafür verantwortlich, dass der Marktteilnehmer seine Entscheidungen nicht nach den Prinzipien eines rational handelnden Individuums vornimmt.

15) Die Behavioral Finance erlangte vor allem Kritik dadurch, dass das Fehlen eines konsistenten Theoriegerüsts angezweifelt wird. Zudem wird angezweifelt, dass Marktanomalien existieren. Im ersteren Fall besteht die Herausforderung darin, die große Anzahl an psychologischen Phänomenen sowie deren gegenseitige Abhängigkeit in sichere standfeste Modell und Strukturen zu transferieren. Im zweiten Fall wird die Erforschung von Anomalien in Abhängigkeit der verwendeten Methodik kritisiert. Demnach liegt der Vorwurf in einer gezielten Datensuche, wodurch immer Marktverzerrungen festzustellen sind. Die Behavioral Finance lieferte zwar wichtige Erkenntnisgewinne, konnte jedoch keine genaueren Aussagen und Vorhersagen über das situative Auftreten bestimmter Marktsituationen liefern. Ein Paradigmenwechsel durch die Behavioral Finance konnte dabei nicht erzielt werden. Trotz allem liefert die Theorie genügend konkrete Anhaltspunkte für das aktive Anlagemanagement von Privatanlegern, um daraus Handlungsempfehlungen ableiten zu können.

16) Bei der Klassifizierung und Risikoneigung von Investoren schreibt das WPHG diverse Verhaltensregeln vor, nachdem ein Anlageberater die Beratung vorzunehmen hat. So werden auch die Risiken erwähnt, jedoch dokumentiert das Gesetz nur unzureichend was unter dem Begriff „Risiken" zu

verstehen ist. So wurden verschiedene Risikoklassen und Typen analysiert, um eine Klassifizierung herausarbeiten zu können. Daraus folgte, dass die Einteilung für den weiteren Gang der Arbeit nach dem sicherheitsorientierten, dem risikobewussten und dem spekulativen Typus vorgenommen wird.

17) Es konnte festgestellt werden, dass in der Verteilung der Klassen zur Altersgruppe und zur Vermögenssituation sowie zur Erfahrung, ein annähernd ausgewogenes Verhältnis vorherrscht. Weiter wurde festgestellt, dass der Hauptanteil der Vermögensaufteilung in Spareinlagen zu finden war, gefolgt von Fonds und Immobilien sowie Aktien.

18) Durch die empirische Analyse der Anomalien konnte gezeigt werden, dass bei den ausgewählten Anomalien ausnahmslos irrationales Verhalten festzustellen war. Insbesondere konnte herausgearbeitet werden, dass bei zwei von den drei getesteten Anomalien jüngere risikobewusste Teilnehmer rationalere Entscheidungen treffen als ältere Teilnehmergruppen. Bei dem Test zur Illusion of Control konnte dieses Verhalten nicht bestätigt werden. Dennoch konnte festgestellt werden, dass auch bei diesem Test durchwegs irrationales Verhalten vorlag, jedoch unabhängig von der Altersgruppe oder der Risikoneigung.

19) Im Anschluss folgten der praktische Nutzen und die Handlungsempfehlungen die dem Anleger dabei helfen können, irrationales Verhalten zu mindern. Demnach ließ sich zu jeder der in der Umfrage vorkommenden Anomalien, Handlungsempfehlungen ableiten. So konnte Hilfestellung bei der Aufnahme von Informationen, bei der Verarbeitung von Informationen und bei der Investmententscheidung gegeben werden. Im Ergebnis trägt dies letztendlich dazu bei, dem Anleger zu mehr rationalem Verhalten zu verhelfen und Investmententscheidungen rationaler zu tätigen, was im Umkehrschluss die Portfoliorenditen erhöhen kann.

Literaturverzeichnis

Bachelier, L. (1900). Théorie de la spéculation. Annales scientifiques de l'École Normale Supérieure, 3(17), S. 21-86.

Bensmann, M. (1997). Putting the market on the couch. Institutional Investor, 31(1), S. 133-135.

Black, F. (1993). Beta and Return. Journal of Portfolio Management, 20, S. 8-18.

Breuer, C. (2018). Capital Asset Pricing Model (CAPM). (Springer Gabler Verlag, Herausgeber) Abgerufen am 06. Juni 2018 von https://wirtschaftslexikon.gabler.de: https://wirtschaftslexikon.gabler.de/definition/capital-asset-pricing-model-capm-28840/version-252464

Consorsbank. (2016). Risikoklasse. Abgerufen am 05. Mai 2018 von www.consorsbank.de: https://wissen.consorsbank.de/t5/Geldlexikon/Risikoklasse/ta-p/4403

Daniel, K., Hirshleifer, D., & Subrahmanyam, A. (1998). Investor Psychology and Security Market Under- and Overreactions. The Journal of Finance, 56(3), S. 1839-1885.

Daxhammer, R. J., & Facsar, M. (2012). Behavioral Finance (1 Ausg.). München: UVK Verlagsgesellschaft mbH.

Dickel, A. (2017). DZBank-Derivate. Abgerufen am 06. Juni 2018 von www.dzbank-derivate.de: https://www.dzbank-deri-vate.de/filedb/deliver/xuuid/l0011ce3cd9d3d68424ea4b4cb592d197ac3/name/1x1%20Teil%2011%20Dispositionseffekt.png

Fama, E. F. (1970). Efficient Capital Markets: A Review of Theory and Empirical Work. The Journal of Finance, 25(2), S. 383-417.

Fama, E. F. (1998). Market efficiency, long-term returns, and behavioral finance. Journal of financial economics, 49(3), 283-306.

Goldberg, J., & von Nitzsch, R. (2004). Behavioral Finance - Gewinnen mit Kompetenz (4 Ausg.). München: FinanzBuch Verlag.

Jaunich, A. O. (2008). Anlagestrategie Behavioral Finance - Die Bedeutung verhaltensorientierter Anlagestrategien in der amerikanischen und deutschen Fondsindustrie (1 Ausg.). Diss. Bonn 2008.

Jurczyk, B. (2006). Behavioral Finance - Anlegerverhalten besser verstehen - Kunden beraten, wenn die Börsen crashen - Finanzpsychologie aktiv nutzen (2 Ausg.). Saarbrücken: VDM Verlag Dr. Müller e.K.

Kahnemann, D., & Tversky, A. (1979). Prospect Theory: An Analysis of Decision under Risk. Econometrica(47), S. 263-291.

Kendall, M. G. (1953). The Analysis of Economic Time-Series-Part 1: Prices. Journal of the Royal Statistical Society(116), S. 11-34.

Kitzmann, A. (2009). Massenpsychologie und Börse - So bestimmen Erwartungen und Gefühle Kursverläufe (1 Ausg.). Münster: GWV Fachverlage GmbH.

Laschke, A., & Weber, M. (1999). Overconfidence - Schätzen Anleger ihre Kenntnisse falsch ein? Reihe Forschung für die Praxis (Bd. 2). Mannheim: Behavioral Finance Group.

MacKinlay, A. (1995). Multifactor Models Do Not Explain Deviations from the CAPM. Journal of Financial Economics, 38(1), S. 3-28.

Oehler, A., & Reisch, L. A. (2008). Behavioral Economics - eine neue Grundlage für Verbraucherpolitik? (Verbraucherzentrale Bundesverband e.V., Hrsg.) Abgerufen am 02. Juni 2018 von www.vzbv.de: https://www.vzbv.de/sites/default/files/mediapics/studie_behavioral_economics_12_2008.pdf

Pompian, M. M. (2006). Behavioral Finance and Wealth Management - How to Build Optimal Portfolios That Account for Investor Biases. Hoboken, New Jersey: John Wiley & Sons, Inc.

Roßbach, P. (2001). Behavioral Finance - Eine Alternative zur vorherrschenden Kapitalmarkttheorie? (1 Ausg., Bd. 31). (Hochschule für Bankwirtschaft, Hrsg.) Frankfurt am Main: Hochschule für Bankwirtschaft.

Rummer, M. (2006). Going Public in Deutschland - Eine empirische Analyse von Börsengängen auf Grundlage der Behavioral Finance (1 Ausg., Bd. 114). (A. Sönke, B. Pellens, D. Sadowski, & M. Weber, Hrsg.) Diss. Bamberg 2006: Deutscher Unversitäts-Verlag.

Schiereck, D., & Weber, M. (2000). Bleibe im Lande und rentiere dich kläglich: Der Home Bias, Reihe Forschung für die Praxis (Bd. 9). Mannheim: Behavioral Finance Group.

Schredelseker, K. (2013). Grundlagen der Finanzwirtschaft - Ein informationsökonomischer Zugang (2 Ausg.). München: Oldenbourg Verlag.

Schredelseker, K. (2015). Den Finanzmarkt verstehen - Anlagestrategie und Börse: Warum der Hund es besser kann. (1 Ausg.). Wiesbaden: Springer Fachmedien.

Shiller, R. J. (1984). Stock Prices and Social Dynamics. Brookings Paper for Economic Activity, S. 457-498.

Shiller, R. J. (1995). Rhetoric and Economic Behavior - Conservation, Information and Herd Behavior. American Economic Review, 85(2), S. 181-185.

Shiller, R. J. (2000). Irrational Exuberance. Princeton, New Jersey: Princeton University Press.

Siebenmorgen, N., & Weber, M. (1999). Risikowahrnehmung - Wie Anleger unsichere Renditen abschätzen - Reihe Forschung für die Praxis (Bd. 4). (U. Mannheim, Hrsg.) Mannheim: Behavioral Finance Group.

Vogelsang, D., Sachs, P., Uppena, J. M., Oehme, M., Liebing, R., & Knorr, K. (2000). Handbuch Finanz- und Vermögensgestaltungsberatung. (DV&P Vogelsang und Partner GmbH, Hrsg.) Stuttgart: Schäffer-Poeschel Verlag.

Anhang

Die Umfrage wurde über die Internetplattform https://www.umfrageonline.com/ über den Link https://www.umfrageonline.com/s/Behavioral durchgeführt. Die Fragestellung wurde selbst zusammengestellt und im Anschluss wurde die Umfrage bzw. der Umfragelink über diverse Sozial Media Kanäle hochgeladen. Darunter fallen Plattformen wie Facebook, Xing und WhatsApp. Zusätzlich wurden einige Teilnehmer telefonisch befragt und die Ergebnisse in die Umfrage eingefügt. Weiter wurde der dazu nötige Link interessierten Teilnehmern weitergereicht, damit diese Zugang zur Umfrage erhalten.

Behavioral Finance - Zwischen Emotion und Rationalität - Eine empirische Studie zum Anlegerverhalten bei Investitionsentscheidungen

1. In welcher Altersklasse befinden Sie sich?

Anzahl Teilnehmer: 52

- (0.0%): < 20 Jahre

14 (26.9%): 20-30 Jahre

18 (34.6%): 31-40 Jahre

11 (21.2%): 41-60 Jahre

8 (15.4%): 61-75 Jahre

1 (1.9%): > 75 Jahre

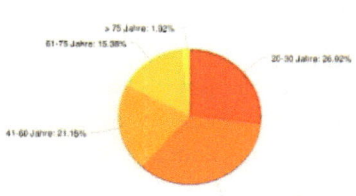

2. Wie lange haben Sie schon Erfahrung mit Wertpapieren?

Anzahl Teilnehmer: 52

13 (25.0%): < 1 Jahre

3 (5.8%): 1-2 Jahre

13 (25.0%): 3-5 Jahre

11 (21.2%): 5-10 Jahre

12 (23.1%): > 10 Jahre

Fragen Allgemein
Quelle: Eigene Darstellung

3. Wie würden Sie Ihre Risikoneigung beschreiben? *

   Anzahl Teilnehmer: 52

   25 (48.1%): Sicherheitsorientiert

   26 (50.0%): Risikobewusst

   1 (1.9%): Spekulativ

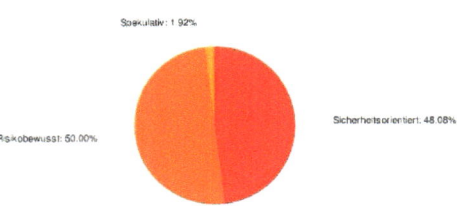

Frage Risikoneigung
Quelle: Eigene Darstellung

4. Wie gestaltet sich Ihre Vermögenssituation?

   Anzahl Teilnehmer: 51

   19 (37.3%): < 20.000 EUR

   10 (19.6%): 20.001 EUR - 50.000 EUR

   7 (13.7%): 50.001 EUR - 100.000 EUR

   13 (25.5%): 100.001 EUR - 500.000 EUR

   2 (3.9%): > 500.000 EUR

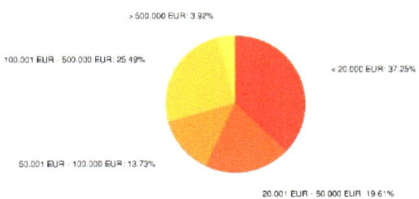

5. Wie würden Sie Ihren Portfolioaufbau beschreiben?

   Anzahl Teilnehmer: 52

   43 (82.7%): Tagegeld, Festgeld, Spareinlagen

   23 (44.2%): Aktien

   30 (57.7%): Fonds

   5 (9.6%): Derivate

   2 (3.8%): Anleihen

   13 (25.0%): Gold

   25 (48.1%): Immobilien

   5 (9.6%): Sonstige

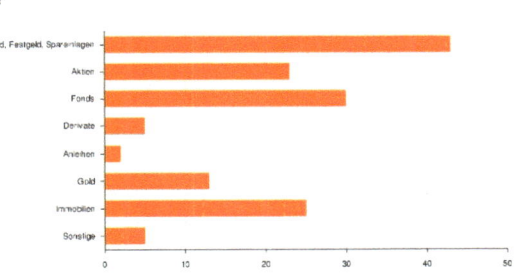

Fragen Portfoliozusammenstellung
Quelle: Eigene Darstellung

6. Wählen Sie eines dieser beiden Ergebnisse: *

Anzahl Teilnehmer: 52

39 (75.0%): Ein sicherer Gewinn von 475
EUR

13 (25.0%): Eine 25%ige Wahrscheinlichkeit
auf einen Gewinn von 2.000 EUR und eine
75%ige Wahrscheinlichkeit nichts zu
gewinnen.

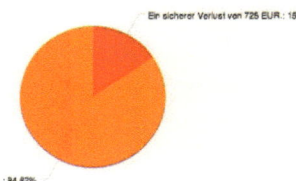

7. Wählen Sie eines dieser beiden Ergebnisse: *

Anzahl Teilnehmer: 52

8 (15.4%): Ein sicherer Verlust von 725
EUR.

44 (84.6%): Eine 75%ige
Wahrscheinlichkeit 1.000 EUR zu verlieren
und eine 25%ige Wahrscheinlichkeit nichts
zu verlieren.

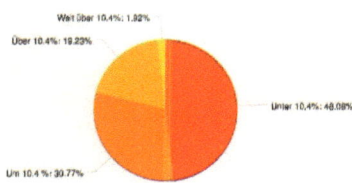

Fragen Loss Aversion Bias
Quelle: Eigene Darstellung

8. Die durchschnittliche Rendite für Aktien lag von 1924 bis 2004 bei 10,4% pro Jahr. Welche Rendite erwarten Sie in einem weiteren
Jahr für ihre Aktienanlagen. *

Anzahl Teilnehmer: 52

25 (48.1%): Unter 10,4%

16 (30.8%): Um 10,4 %

10 (19.2%): Über 10,4%

1 (1.9%): Weit über 10,4%

Frage Overconfidence Bias
Quelle: Eigene Darstellung

9. Wie leicht war es Ihrer Meinung nach, den Zusammenbruch der Tech-Aktienblase im März 2000 vorherzusagen. *

Anzahl Teilnehmer: 52

2 (3.8%): Leicht

17 (32.7%): Ziemlich einfach

18 (34.6%): Ziemlich schwierig

15 (28.8%): Schwierig

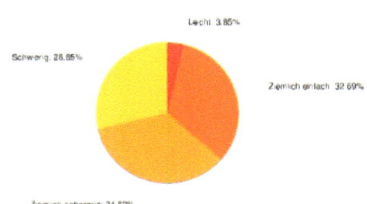

10. Was denken Sie, wieviel Einfluss Sie bei der Auswahl von Vermögensanlagen haben, die den Markt übertreffen werden? *

Anzahl Teilnehmer: 52

2 (3.8%): Absolut keinen Einfluss

23 (44.2%): Wenig, wenn überhaupt Einfluss

21 (40.4%): Etwas Einfluss

6 (11.5%): Ziemlich großen Einfluss

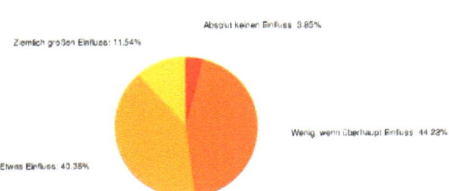

11. Wie schätzen Sie sich, im Vergleich zu anderen Fahrern, selbst als Fahrer im Straßenverkehr ein. *

Anzahl Teilnehmer: 52

- (0.0%): Unterdurchschnittlich

24 (46.2%): Durchschnittlich

23 (44.2%): Überdurchschnittlich

5 (9.6%): Weit Überdurchschnittlich

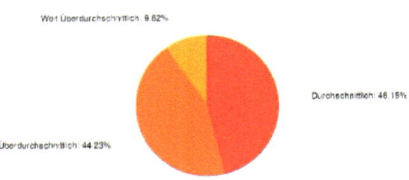

Fragen Overconfidence Bias

Quelle: Eigene Darstellung

12. Stellen Sie sich vor, Sie haben einen bestimmten Geldbetrag zur Investition zur Verfügung und Ihr Nachbar gibt Ihnen einen guten Aktientip. Bekanntermaßen hat Ihr Nachbar einen guten Börsensinn. Er empfiehlt Ihnen, Anteile an TechCom AG zu kaufen, einer Firma, die eine neue Art von Prozessorchips für Smart Phones herstellt. Was ist Ihre Antwort auf diese Situation? *

Anzahl Teilnehmer: 52

7 (13.5%): Ich werde wahrscheinlich ein paar Aktien kaufen, da mein Nachbar normalerweise Recht hat.

45 (86.5%): Ich werde mir vorab nochmal ein paar Gedanken dazu machen und weitere Nachforschungen anstellen, bevor ich eine Kaufentscheidung treffe.

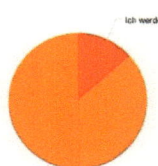

13. Was führt zu mehr Toten in den USA? *

Anzahl Teilnehmer: 52

12 (23.1%): Blitze

40 (76.9%): Tornados

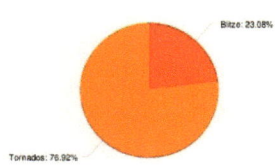

Fragen Availability Bias
Quelle: Eigene Darstellung

14. Betrachten Sie die zwei unten gezeigten Folgen von Münzwürfen. Angenommen eine ungezinkte Münze wurde verwendet. Welche der unten abgebildeten Sequenzen ist Ihrer Meinung nach wahrscheinlicher: A oder B? *

Anzahl Teilnehmer: 52

39 (75.0%): A

13 (25.0%): B

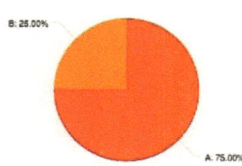

Frage Representativeness Bias
Quelle: Eigene Darstellung

Abb. 11 Münzwurf
Quelle: Pompian (2006), S. 72

15. Wie hoch ist die Wahrscheinlichkeit, dass Sie nach einem erfolgreichen Trade Ihre Gewinne in einem darauffolgenden, schnellen Trade wieder einsetzen, anstatt das Geld auf das Sparbuch zu legen, bis Sie sicher sind, dass Sie eine weitere gute Investition gefunden haben. *

Anzahl Teilnehmer: 52

2 (3.8%): Normalerweise investiere ich das Geld sofort wieder, nachdem ich eine lukrative Investition verkauft habe.

29 (55.8%): Normalerweise warte ich ab, bis ich etwas gefunden habe von dem ich wirklich überzeugt bin, bevor ich wieder investiere.

21 (40.4%): Eine Kombination der Wahlmöglichkeiten A und B.

Frage Self Attribution Bias
Quelle: Eigene Darstellung

16. Wenn Nachrichten veröffentlicht werden, die möglicherweise negative Auswirkungen auf den Preis einer Aktie haben die Sie besitzen, wie schnell reagieren Sie auf diese Information? *

Anzahl Teilnehmer: 52

25 (48.1%): Normalerweise warte ich darauf, dass der Markt die Bedeutung der Informationen widergibt und dann entscheide ich, was zu tun ist.

21 (40.4%): Manchmal warte ich darauf, dass der Markt die Bedeutung der Informationen widergibt aber manchmal handle ich ohne Verzögerung.

6 (11.5%): Ich handle immer ohne Verzögerung.

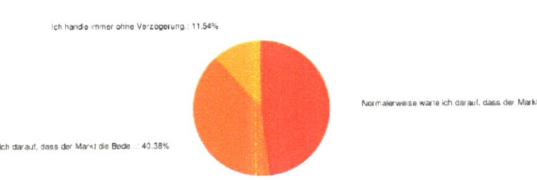

Frage Conservatism Bias
Quelle: Eigene Darstellung

17. Angenommen, Sie beschließen in Gold als Absicherung gegen Inflation zu investieren. Sie haben eine sorgfältige Recherche durchgeführt, um den Zusammenhang zwischen Goldwerten und Infaltionsraten zu bestimmen. Drei Monate nach Ihrer Investition stellen Sie fest, dass die Goldpreise ohne entsprechende Inflationsentwicklung gestiegen sind. Das ist nicht das, was Sie erwartet haben. Wie reagieren Sie? *

Anzahl Teilnehmer: 52

29 (55.8%): Ich werde einfach "mitgehen". Der Grund, dass eine Investition gut abschneidet, ist nicht wichtig. Was wichtig ist, dass ich eine gute Investition gemacht habe.

23 (44.2%): Ich werde Recherchieren um zu ermitteln, warum Goldpreise und Inflation sich nicht in der von mir vorhergesagten Art entwickelt haben. Das wird mir helfen festzustellen, ob ich in Gold investiert bleibe.

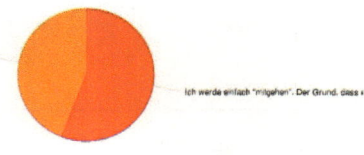

Frage Confirmation Bias
Quelle: Eigene Darstellung

18. Angenommen, Sie haben von ihrem exzentrischen Onkel eine vollständig liquide Anlage in einer südafrikanischen Goldmine geerbt. Sie besprechen den Vermögenswert mit Ihrem Finanzberater und kommen zu dem Schluss, dass Ihr Portfolio bereits genug Gold und Rohstoffe enthält. Noch wichtiger ist, dass das Vermögen Ihres Onkels kein diversifizierter Vermögenswert ist. Ihr Berater empfiehlt es zu verkaufen. Was ist Ihre wahrscheinlichste Vorgehensweise? *

Anzahl Teilnehmer: 52

33 (63.5%): Ich werde verkaufen, wie von meinem Finanzberater empfohlen.

19 (36.5%): Ich werde an den Goldmineninteressen festhalten, weil ich nicht gerne Dinge verkaufe oder die Dinge ändere, die mir andere Menschen vorschlagen.

Frage Status Quo Bias
Quelle: Eigene Darstellung

19. Stellen Sie sich vor, Sie sind Anleger mit Wohnsitz und Lebensmittelpunkt in Deutschland. Aus welchen Ländern würden Sie Aktien kaufen. *

Anzahl Teilnehmer: 52

41 (78.8%): USA

18 (34.6%): Frankreich

16 (30.8%): Großbritannien

37 (71.2%): Schweiz

26 (50.0%): China

50 (96.2%): Deutschland

13 (25.0%): Indien

16 (30.8%): Australien

13 (25.0%): Russland

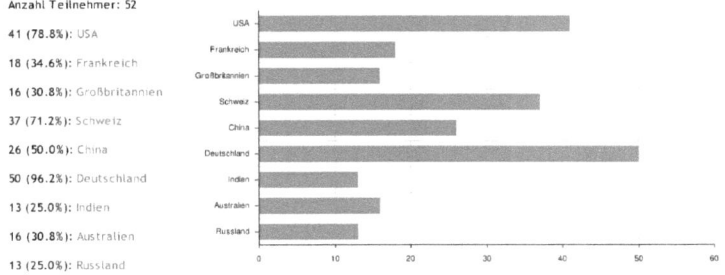

20. Sortieren Sie die Aktien in der Reihenfolge, wie Sie die Aktien vorrangig kaufen würden. *

Anzahl Teilnehmer: 52

	1.		2.		3.		4.		5.		6.		7.		8.		9.		10.		11.		∅
	Σ	%	Σ	%	Σ	%	Σ	%	Σ	%	Σ	%	Σ	%	Σ	%	Σ	%	Σ	%	Σ	%	
BMW	21x	40,38	14x	26,92	6x	11,54	4x	7,69	1x	1,92	2x	3,85	2x	3,85	1x	1,92	1x	1,92	-		-		2,5
Allianz	12x	23,08	17x	32,69	14x	26,92	3x	5,77	3x	5,77	-		3x	5,77	-		-		-		-		2,6
SAP	4x	7,69	5x	9,62	14x	26,92	11x	21,15	10x	19,23	7x	13,46	-		1x	1,92	-		-		-		3,8
Tencent	1x	1,92	-		1x	1,92	6x	11,54	12x	23,08	6x	11,54	17x	32,69	4x	7,69	3x	5,77	1x	1,92	1x	1,92	6,2
Ping An Insurance	-		-		1x	1,92	1x	1,92	4x	7,69	11x	21,15	6x	11,54	11x	21,15	9x	17,31	3x	5,77	6x	11,54	7,6
Facebook	2x	3,85	2x	3,85	2x	3,85	10x	19,23	11x	21,15	10x	19,23	8x	15,38	-		3x	5,77	2x	3,85	2x	3,85	5,6
Alibaba	-		3x	5,77	2x	3,85	3x	5,77	4x	7,69	12x	23,08	10x	19,23	9x	17,31	3x	5,77	2x	3,85	4x	7,69	6,7
Amazon	10x	19,23	9x	17,31	11x	21,15	12x	23,08	3x	5,77	-		1x	1,92	5x	9,62	1x	1,92	-		-		3,4
Geely Auto Holdings	-		1x	1,92	1x	1,92	1x	1,92	2x	3,85	1x	1,92	3x	5,77	8x	15,38	20x	38,46	10x	19,23	5x	9,62	8,5
Veolia	1x	1,92	1x	1,92	-		1x	1,92	2x	3,85	1x	1,92	1x	1,92	11x	21,15	5x	9,62	28x	53,85	1x	1,92	8,7
Credit Agricole	1x	1,92	-		-		-		-		2x	3,85	1x	1,92	2x	3,85	7x	13,46	6x	11,54	33x	63,46	10,0

Fragen Home Bias und Herdenverhalten

Quelle: Eigene Darstellung

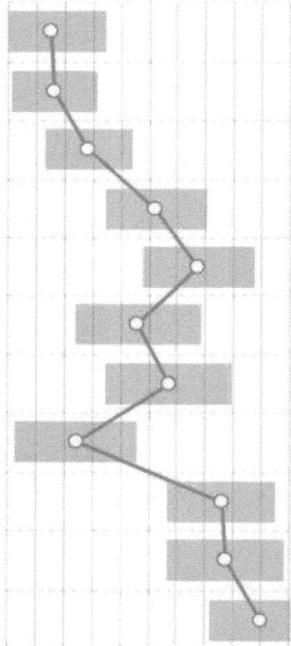

Quelle: Eigene Darstellung

21. Wenn Sie an Glücksspielen mit Würfeln wie Backgammon und Monopoly teilnehmen, denken Sie, dass sie die meiste Kontrolle ausüben, wenn Sie selbst würfeln? *

Anzahl Teilnehmer: 52

33 (63.5%): Ich habe mehr Kontrolle, wenn ich selbst würfle.

19 (36.5%): Mir ist egal, wer die Würfel wirft.

22. Wenn sich die Renditen für Ihr Portfolio erhöht haben, was denken Sie war ausschlaggebend? *

Anzahl Teilnehmer: 52

6 (11.5%): Die Kontrolle, die ich über das Ergebnis meiner Investitionen ausgeübt habe.

44 (84.6%): Eine Kombination aus Investmentkontrolle und Zufall.

2 (3.8%): Völlig zufällig

Fragen Illusion of Control Bias
Quelle: Eigene Darstellung